BORIS ENTRUP

Schön mit Boris Entrup

Beauty-Tipps vom Starvisagisten

SCHÖN
mit Boris Entrup
Beauty-Tipps vom Starvisagisten

BORIS ENTRUP

Impressum

1. Auflage 2008
© 2008 riva Verlag, München

ISBN 978-3-936994-78-0

Projektleitung: Stephanie Netzle
Layout und Gesamtbearbeitung: Julia Jund
Redaktionelle Mitarbeit: Birgit Dauenhauer, Maren Franz
Umschlag- und Klappengestaltung: Julia Jund
Satz: Julia Jund, Pamela Günther
Lektorat: Jutta Friedrich
Herstellung: Melanie Wolter
Repro und Druck: Joh. Walch, Augsburg

Für Fragen an Boris Entrup: **boris.entrup@playce.de**

Für Fragen und Anregungen zum Buch: **borisentrup@rivaverlag.de**

Fordern Sie unser Verlagsprogramm an: **vp@rivaverlag.de**

riva Verlag
riva ist ein Imprint der FinanzBuch Verlag GmbH
Frundsbergstr. 23   ❖   80634 München
Tel.: 089 65 12 85-0   ❖   Fax: 089 65 20 96
E-Mail: info@rivaverlag.de

www.rivaverlag.de

Wichtiger Hinweis
Dieses Buch stellt keinen Ersatz für eine individuelle Fitnessberatung und medizinische Beratung dar. Wenn Sie medizinischen Rat einholen wollen, konsultieren Sie bitte einen qualifizierten Arzt. Der Verlag und der Autor haften für keine nachteiligen Auswirkungen, die in einem direkten oder indirekten Zusammenhang mit den Informationen stehen, die in diesem Buch enthalten sind.

Inhalt

Perfektes Styling

Evolution – die Looks

Noch mehr Schönheit

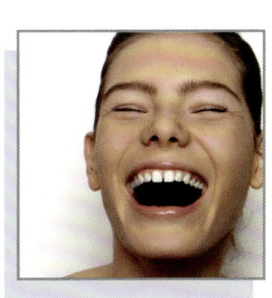

Anhang

Die Macht der Schönheit

Die Macht der Schönheit fasziniert mich schon seit meiner Kindheit. Natürliche Schönheit in Verbindung mit Intelligenz und Esprit zieht mich magisch an. Schon als kleiner Junge habe ich die Menschen in meiner Umgebung genau beobachtet und überlegt, wer sie sind oder was sie darstellen möchten. Schon damals fiel mir auf, wie wandelbar Kleidung, Stil und damit das persönliche Auftreten sind. Nach meiner Ausbildung bei einem bekannten Haarstylisten und der Zusammenarbeit mit vielen großartigen Visagisten habe ich schnell erkannt, dass es einen Aspekt gibt, der unendlich viel mehr Spielraum zulässt als das Styling von Frisuren: das Make-up. Mit einem perfekten Make-up kann ich die Persönlichkeit eines Menschen komplett verändern; ich kann ihn sensationell aussehen lassen und ihm ein Gefühl für die eigene Schönheit vermitteln. Dabei muss man gar nicht viel machen.

Es ist interessant, wie sich der Umgang mit Make-up in den letzten Jahren verändert hat. Wurde früher im Verborgenen geschminkt, um vielleicht eventuelle Schönheitsmakel gar nicht erst ans Tageslicht zu bringen, stehen die Frauen heute zu ihren kleinen Schönheitstricks, lassen sich in Kaufhäusern, Drogerien und Parfümerien öffentlich schminken. Make-up wird heute viel bewusster eingesetzt. Das Geheimnis um die Schönheit wurde sicher nicht zuletzt durch zahlreiche Fashion-TV-Formate gelüftet, die auch mal hinter die Kulissen blickten.

Ein perfektes Make-up ist für mich viel mehr als nur eine farbenprächtige Produktpalette, es drückt Charakter aus, zeigt, in welcher Gesellschaftsschicht und vor allem in welcher Zeit man lebt. Denn kaum ein Bereich prägt den Eindruck einer Stilepoche so stark wie das aktuelle Make-up. Wie entstehen diese Trends? Wo werden sie gemacht? Gerade diese Fragen finde ich spannend. Einen Trend mitzugestalten und eigene Trends zu setzen, das motiviert mich, treibt mich voran. Ich mache genau das, was ich mir immer gewünscht und erträumt habe. Mein Ziel für die Zukunft ist daher, auch weiterhin die Möglichkeit zu haben, meiner Kreativität freien Lauf lassen zu können.

Für mich persönlich ist es großartig, in der Modeszene arbeiten zu dürfen, bei internationalen Fotoproduktionen und großen Modeshows Topmodels zu stylen oder als »Head of Make-up« bei der Berlin Fashion Week zu arbeiten. Ich mag diese glitzernde, luxuriöse Glamourwelt. Ich liebe die Veränderung, die Herausforderung und Konfrontation mit neuen Aufgaben. Es macht mir einfach enormen Spaß, in einem großen Team gemeinsam einen Trend zu kreieren und die Entstehung eines neuen Looks mitzuverfolgen, bei dem so viele Faktoren wie das Model, der Make-up-Artist, die richtige Beleuchtung, ein guter Fotograf sowie eine exakte digitale Bildbearbeitung mitspielen. Der ständige Wandel – die Aktualität meiner Arbeit – erfordert stets hohe Konzentration und hundertprozentigen Einsatz und belohnt mich im Gegenzug dafür mit Lebendigkeit, Respekt und positiver Resonanz. Werden die von mir konzipierten Looks erfolgreich angenommen, kopiert und sogar weiterentwickelt, dann motiviert mich das enorm bei meiner Arbeit.

Make-up ist etwas sehr Exklusives, Einzigartiges, das sich an seine Trägerin wie ein edles Designerkleid anschmiegt und ihre Vorzüge positiv hervorheben kann. Ebenso kann es aber auch wie ein schlecht sitzendes Kleidungsstück den Gesamteindruck zerstören. Daher ist es wichtig, dass ihr euren eigenen Stil findet. Im Laufe der Zeit veredelt ihr ihn durch ein Make-up, das zu euch, eurem Outfit, eurer Stimmung und dem Anlass passt. Ich glaube, dass auch die zukünftigen Make-up-Trends stark in Richtung Natürlichkeit gehen werden, um die Persönlichkeit des Menschen zu unterstützen und hervorzuheben.

Ein gutes Make-up darf im Alltag nicht länger als 20 Minuten dauern. Schon innerhalb weniger Minuten kann man sein Aussehen gezielt mit ein paar Tricks verbessern, eine samtige Haut zaubern, mit etwas Mascara einen unwiderstehlichen Augenaufschlag kreieren und verführerische Lippen schminken.
Schönheit liegt im Auge des Betrachters. Bei meiner täglichen Arbeit als Make-up-Artist, bei der ich immer von sehr attraktiven Menschen umgeben bin, habe ich gelernt, dass es verschiedene Ebenen der Schönheit gibt. Es gibt eine fotogene Schönheit, bei der das Model im Alltag relativ unauffällig aussieht. Mit dem richtigen Make-up, der perfekten Beleuchtung, einer spektakulären Kulisse und natürlich auch durch eine gute Bildbearbeitung entsteht ein fantastisches Bild, das das Model mit so viel Lebendigkeit, Sex und Ausstrahlung füllt, dass einem der Anblick des Fotos den Atem raubt. Diese Fotogenität ist eine Gabe, ein Talent, das darüber entscheidet, wie weit ein Model kommen kann.
Aber dann gibt es die andere, die emotionale Schönheit. Diese Schönheit strahlen Menschen aus, die souverän in sich ruhen und mit ihrer starken persönlichen Ausstrahlung überzeugen. Sie sind vielleicht auf den ersten Blick gar nicht so

auffällig hübsch und ebenmäßig, hinterlassen aber dennoch einen umwerfend attraktiven Eindruck. Diese innere Schönheit ist für mich die wahre Schönheit. Und gerade daran kann jeder arbeiten.

Ein schöner Mensch unterscheidet sich von einer Schaufensterpuppe eben darin, dass er Fehler und Makel hat. Na und! Gerade das macht euch doch lebendig und einzigartig. Schönheit ist viel mehr als nur ein ebenmäßig geschnittenes Gesicht. Schönheit ist für mich vor allem die innere Selbstzufriedenheit. Wer mit sich und seinem Leben zufrieden ist, strahlt ungemein viel Selbstbewusstsein und Schönheit aus. Ausreichend Bewegung und eine ausgewogene, gesunde Ernährung sind daher für mich kein notwendiges Übel oder ein bitterer Verzicht, sondern eine Hommage, eine Liebeserklärung an sich selbst.

Findet euer eigenes Ich! Spielt mit der Mode und den Trends, aber lasst euch nicht davon versklaven. Für mich ist Make-up immer eine Möglichkeit, den eigenen Stil herauszuarbeiten, Nuancen zu setzen und bestimmte Stärken zu potenzieren. Gepflegte Haut und ein perfekt geschminktes Gesicht verändern euch nicht nur äußerlich, sondern auch innerlich, lassen euch wachsen und geben euch Stärke.

Mit diesem Buch möchte ich euch nicht nur die Grundkenntnisse für ein perfektes Make-up erklären, sondern euch auch darin unterstützen, euren eigenen Stil zu finden. Mit kleinen Make-up-Details könnt ihr immer up to date sein. Die Tipps und Tricks helfen euch, Augenringe, trockene Lippen oder Hautprobleme zu kaschieren und ein optimales Ergebnis zu erreichen. Step by step erkläre ich die Grundlagen einer perfekten Grundierung, die Basis für jeden spektakulären Look. Aus diesem alltagstauglichen Nude-Look könnt ihr dann in nur wenigen Minuten einen absolut dramatischen Auftritt zaubern und euch, ganz wie ihr möchtet, in ein Glamour-Girl verwandeln. Nur Mut!
Für mich als Make-up-Artist ist die wichtigste Aufgabe, euch durch meine Arbeit ein tolles Gefühl für euch selbst zu vermitteln und euch damit zu einem sensationellen Aussehen zu verhelfen.

Euer Boris Entrup

Mit der Pflege

fängt alles an

Geheimnisse schöner Gesichtshaut

Unsere Haut ist so viel mehr als nur die äußere Schutzhülle. Sie kann vor Glück erstrahlen und vor Scham erröten. Sehe ich den Models, mit denen ich täglich zu tun habe, ins Gesicht, kann ich in ihrer Haut wie in einem offenen Buch lesen. Denn nicht nur Emotionen hinterlassen dort ihre Spuren, sondern auch Ernährungssünden, Stress, Rauchen und Schlafmangel. Der Teint wirkt nicht mehr rosig und frisch, sondern ist fahl, blass und sieht ungesund aus. Die Haut spiegelt unsere Seele wider und spielt zudem eine entscheidende Rolle dabei, welchen ersten Eindruck wir im Gedächtnis anderer hinterlassen. Daher ist das oberste Gebot für eine gesunde und gepflegte Haut – neben einer ausgewogenen Ernährung und ausreichend Bewegung – die Reinigung. Egal, wie spät es abends ist, ihr solltet niemals geschminkt zu Bett gehen! Eure Haut würde es euch nicht verzeihen. Denn nur, wenn sie gründlich gereinigt ist, kann sie sich über Nacht revitalisieren und morgens wieder erholt aussehen.

Richtig reinigen

Eine gründliche Reinigung verfolgt zwei Ziele. Erstens entfernt sie sanft Make-up-Spuren, abgestorbene Hautschüppchen, Talg, Hautfett und Schmutzpartikelchen, die die Poren verstopfen und zu Mitessern und Irritationen führen können. Und zweitens bereitet sie die Haut optimal auf die effektive Aufnahme von Wirkstoffen vor. Würdet ihr eine Creme einfach so auf das ungereinigte Gesicht auftragen, könnten die hochaktiven Wirksubstanzen möglicherweise nicht in die tieferen Hautschichten eindringen und würden völlig nutzlos auf der Oberfläche verbleiben. Genau deshalb ist die Gesichtsreinigung extrem wichtig, und zwar auch dann, wenn man sich nicht geschminkt hat. Reinigt euer Gesicht deshalb morgens und abends immer sorgfältig!

Step 1

Für jedes Auge ein Wattepad mit einer speziellen Augenlotion tränken, Augen schließen und mehrmals vorsichtig mit dem Pad darüberwischen – und zwar immer von außen nach innen, denn genauso verläuft der natürliche Tränenfluss, der das Auge von innen reinigt. Eventuelle Make-up- oder Lotionsreste tupft ihr mit einem neuen Wattepad ab.

Step 2

Das Gesicht und vor allem die Nasenflügel mit einer Reinigungsmilch, einem -gel oder -schaum gründlich einschäumen. Die empfindliche Augenpartie dabei auslassen. Das Reinigungsprodukt anschließend mit etwas Wasser aufemulgieren, mit einem feuchten Kosmetiktuch abtupfen oder mit klarem Wasser abspülen.

Step 3

Das Gesicht mit einem Kosmetiktuch trocken tupfen und mit etwas Gesichtswasser benetzen. Der Toner hilft der Haut, schnell wieder die natürliche Säure-Basen-Balance aufzubauen und somit ihre Schutzfunktion optimal zu erfüllen, zusätzlich verleiht er der Haut einen Frischekick.

Boris' Tipp
Wenn ihr zu unreiner Haut neigt, solltet ihr keine stark alkoholhaltigen Gesichtstonics verwenden. Zum einen entziehen sie der Haut zu viel Fett, zum anderen lösen sie nach neuesten dermatologischen Erkenntnissen Mikroentzündungen in den tieferen Hautschichten aus, die wiederum Hautentzündungen, Pickel und vorzeitiges Altern begünstigen können. Besser, ihr verwendet einen milden Cleanser in Form von Gel, Milch oder Lotion, der den leicht sauren pH-Wert der Haut nicht zerstört und trotzdem porentief reinigt.

Welche Reinigung bei welcher Haut

Normale bis trockene Haut
Eine sanfte Reinigungsmilch pflegt diesen Hauttyp schon beim Abschminken und hinterlässt einen zarten Lipidfilm. Ein Wattepad mit alkoholfreiem Gesichtswasser tränken und das noch überschüssige Fett damit entfernen. Das Gesicht möglichst nicht mit Wasser abspülen, sondern zur Erfrischung besser etwas Gesichtswasser auftupfen. Trockene Haut nur alle zwei Wochen intensiv mit einem sensitiven Cremepeeling reinigen. Es versorgt eure Haut mit pflegenden Inhaltsstoffen und bereitet sie perfekt darauf vor, die Wirkstoffe der Pflegeprodukte aufzunehmen.

Fettige und Mischhaut
Reinigungsgel oder -mousse gründlich auftragen, mit klarem Wasser abspülen – so wird die Talgproduktion reguliert und der Teint mattiert – und mit einem Toner nachbehandeln. Zu Fett neigende Mischhaut mindestens einmal in der Woche mit einem Peeling gründlich von abgestorbenen Hautschüppchen und Talgablagerungen befreien.

Strahlende Haut durch Peeling

Je nach Hauttyp könnt ihr einmal in der Woche ein sanftes Peeling auf Gesicht, Hals und Dekolleté auftragen, denn die abgerundeten Schleifpartikelchen rubbeln die abgestorbenen Hautschüppchen ab und fördern gleichzeitig die Mikrodurchblutung der oberen Hautzellen. Die Haut wirkt wieder glatter und reiner. Dermatologen warnen davor, zu grobkörnige, scharfkantige Peelings zu verwenden, da sie die Haut auf Dauer schädigen können. Benutzt also besser Peelings mit reizarmen, wasserlöslichen Granulaten oder Fruchtenzymen, die die Hautschüppchen nicht mechanisch abrubbeln, sondern enzymatisch auflösen.

Da vor allem die Aufbaupflege nach der Reinigung wichtig ist, solltet ihr das Peeling am besten abends nach der Reinigung anwenden und im Anschluss daran eine aufbauende Maske oder Ampulle auftragen. Unmittelbar danach ist die Haut sehr lichtempfindlich. Vermeidet daher besser die Sonne und besonders das Solarium. Habt ihr das Peeling ausnahmsweise doch einmal morgens durchgeführt, tragt unbedingt einen Lichtschutz auf.

Mikrodermabrasion-Set und Diamond Peel

Derzeitiger Favorit bei den Models sind die neuen Mikrodermabrasion-Sets, die zu Hause angewendet werden können und eine professionelle Verfeinerung des Hautbilds versprechen, ebenso wie so genannte Diamond Peels mit Aluminiumoxid-Kristallen, die speziell für jüngere Haut empfohlen werden.
Wer unreine, empfindliche Haut hat, zu Pickeln, Akne, Couperose oder Rosacea, also zu Hautrötungen, neigt, sollte sich unbedingt von einem Hautarzt beraten lassen, welche Reinigung für seine Haut am besten geeignet ist. Bei entzündlicher Haut könnt ihr mit einem Gesichtspeeling die Keime sogar noch zusätzlich verteilen und somit die Akne verstärken. Doktert also nicht selbst herum oder vertraut zu sehr der Werbung oder der besten Freundin, sondern hört auf den Fachmann. Er kann euch vielleicht auch eine spezielle Reinigungspflege verschreiben.

Individuelle Hauttypen

Mit zunehmendem Alter verändern sich die Bedürfnisse der Haut. Meist stehen nicht mehr die Unreinheiten im Mittelpunkt der Betrachtung, sondern erste Fältchen und mangelnde Spannkraft.

Die Haut ab 20

Junge Haut kennt eigentlich nur ein Problem: Unreinheiten in Form von Pickeln und Mitessern. Klärende Hilfe bekommt die Haut durch einen konsequent eingehaltenen »Krisenplan«, der aus einer peniblen Reinigung und der Verwendung entzündungshemmender Produkte besteht. Ansonsten ist junge Haut meist von sich aus natürlich schön. Um ihre Festigkeit über die Jahre hinweg zu bewahren, braucht sie in erster Linie Feuchtigkeit.

Auch wenn eure Haut in diesem Alter noch sehr pflegeleicht ist, solltet ihr die empfindliche Augenpartie schon frühzeitig mit Spezialprodukten verwöhnen, da sie kaum Unterfettgewebe enthält und schnell zu Trockenheit und damit Fältchenbildung neigt. Ein kühlendes Spezialgel oder Serum wirkt zugleich abschwellend, wenn der Schlaf mal wieder zu kurz kam und dunkle Tränensäcke durchscheinen. Bei der täglichen Pflege könnt ihr auf diverse feuchtigkeitsspendende, leichte Tages- und Nachtcremes zurückgreifen. Verwendet auf keinen Fall eine Creme für reife Haut! Die reichhaltige Pflege strapaziert die Haut eher, als dass sie ihr zusätzliche Pflege gibt. Wichtig bei einer guten Tagespflege ist neben der Feuchtigkeit vor allem der Lichtschutzfaktor. Sonnenstrahlen sind Schönheitskiller und Altmacher Nummer eins. Schützt eure Haut mit einem Lichtschutzfaktor von mindestens 15 bis 20. Wie eure Haut im Alter aussehen wird, hängt unmittelbar von eurem jetzigen Verhalten ab.

Gesund leben

In erster Linie verursachen Stress, Hormone und Schlafmangel Pickel und Mitesser und nicht Schokolade und Pommes frites. Doch auch wer raucht, übermäßig viel Alkohol trinkt oder die Antibabypille nimmt, entzieht dem Körper essenzielle Nährstoffe, vor allem Folsäure, B-Vitamine und Vitamin C. Daher spielt eine ausgewogene, vitaminreiche Ernährung für einen schönen Teint eine bedeutende Rolle. Vitamin B_{12}, das zum Beispiel in Milch, Lachs und Eiern enthalten ist, sowie das Spurenelement Zink, das in Haferflocken, Weizenkeimen und Roggen vorkommt, sind wahre Beautylebensmittel.

Die Haut ab 30

Stress im Job, Hektik im Alltag, Bewegungsmangel, Ernährungs- und Beautysünden wie übermäßiges Sonnenbaden, Solarienbesuche und Nikotin hinterlassen auf der Haut erste Spuren und feine Linien. Die Zellerneuerung verlangsamt sich und die durch freie Radikale ausgelösten Hautschäden zeigen sich immer deutlicher auf der Hautoberfläche. Das Thema »Gesichtspflege und Reinigung« wird immer wichtiger. Wer jetzt zu Bett geht, ohne sich abzuschminken, dem verzeiht die Haut das nicht mehr so leicht. Egal, wie müde ihr seid, Talg, Schmutz und Make-up müssen vor dem Schlafengehen unbedingt entfernt werden! Nur dann kann sich eure Haut regenerieren.

Unterstützung bekommt sie dabei von so genannten Antioxidanzien, den Radikalfängern. Nach neuesten Forschungsergebnissen sind vor allem die aggressiven Sauerstoffatome, die sogenannten freien Radikale, für Zellschäden und Hautalterung verantwortlich. Die Natur hat uns eine ganze Reihe natürlicher Zellschützer zur Verfügung gestellt, die sowohl an der Hautoberfläche, als auch in den unteren Schichten wirken und dort die freien Radikale neutralisieren und somit Zellschäden verhindern. Eine vitaminreiche Ernährung mit viel Obst und Gemüse liefert diese zellschützenden Wirkstoffe samt appetitlicher Verpackung, um den freien Radikalen Paroli zu bieten. Mit gesundem Beautyfood könnt ihr mit jedem Bissen pure Schönheit zu euch nehmen. Gegen die Sonnenstrahlen, deren UV-Strahlung freie Radikale entstehen lässt und die Hautalterung beschleunigt, schützt eine Tagescreme mit ausreichendem Lichtschutz.

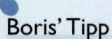

Boris' Tipp

Erste Zellschäden und Fältchen lassen sich noch ganz gut mit den richtigen Pflegeprodukten kaschieren und mildern. Verwendet aber unbedingt eine spezielle Augenpflege und verwöhnt die Haut jetzt ab und zu mal mit einer wirkstoffreichen Maske.

Die Problemzonen der Haut

Auch bei der besten Pflege kann es vorkommen, dass die Haut mit Reizungen, Irritationen oder kleinen Entzündungen reagiert. In der Regel empfehle ich dann den Besuch beim Spezialisten. Die Dermatologen können die Ursache für die Mikroentzündungen analysieren und so eine optimale Therapie vorschlagen. Trotzdem gibt es ein paar kleine Tipps, mit denen ihr den Hautzustand verbessern könnt. Oft wirkt schon eine konsequent durchgeführte Gesichtsreinigung und -klärung wahre Wunder. Ab und zu solltet ihr euch auch den Luxus einer professionellen Gesichtsreinigung bei einer Kosmetikerin gönnen. Bei entzündlicher Akne übernehmen teilweise sogar die Krankenkassen die fachgerechte Reinigung beim Dermatologen.

Entzündliche Haut mit Mitessern und Pickeln

Bei leicht entzündlicher Haut dürft ihr auf keinen Fall selbst Hand anlegen und den Pickeln den Garaus machen. Das verschlimmert die Entzündung und kann zusätzlich noch zu geplatzten Äderchen, Narbenbildung und Pigmentflecken führen.

Reinigt eure Haut sehr sorgfältig und vor allem regelmäßig morgens und abends und klärt sie mit einem antibakteriellen Gesichtswasser. Danach tragt ihr punktuell eine zinkhaltige Heilpaste auf. Zusätzlich solltet ihr zu einem Hautarzt gehen und die Ursache für die Hautprobleme analysieren lassen.

Wenn ausgerechnet vor einem wichtigen Date ein Pickel auftaucht, heißt es, Ruhe zu bewahren und nicht daran rumzudrücken, sondern ihn zu »verstecken« – und zwar mit Hilfe eines hellen, stark deckenden Concealers. Erst deckt ihr den Pickel mit einem antibakteriell wirkenden Abdeckstift ab und betupft dann die Stelle vorsichtig mit dem Concealer. Nun gebt ihr noch flüssiges Make-up darüber und schminkt euch wie gewohnt weiter.

Sind die Poren zusätzlich mit abgestorbenen Hautschüppchen verstopft, helfen regelmäßige Peelings, diese wieder zu entfernen. Grundsätzlich gilt auch hier, das Gesicht morgens und abends gründlich mit Gesichtswasser zu klären. Das ist das Allerwichtigste für einen makellosen Teint.

Boris' Tipp
Verwendet auf keinen Fall eine richtige Seife. Zu viel Wasser und Seife trocknen die Haut aus, zerstören den Säureschutzmantel und können Irritationen auslösen. Also, Hände weg von der guten alten Seife, die unsere Großmütter benutzt haben. Achtet außerdem darauf, so wenig wie möglich das Gesicht mit den Händen zu berühren, da ihr jedes Mal Schmutz und Krankheitserreger auf der Haut verteilt.

Blasse Haut

Gebräunte Haut impliziert nach wie vor Gesundheit, Fitness und Jugendlichkeit, ein Zuviel an Sonne verursacht aber irreparable Schäden. Wer dennoch nicht auf eine zarte Bräune verzichten möchte, kann einen Selbstbräuner verwenden und schon nach wenigen Stunden ist die Haut leicht getönt. Für den sekundenschnellen Sonnengruß stäubt ihr einfach ein wenig goldschimmerndes Bronzerouge auf Stirn, Wangen und Kinnspitze.

Unregelmäßig pigmentierte, gerötete Haut

Einen makellosen Teint könnt ihr schnell mit einer exakten Grundierung erreichen. Flecken und Schatten lassen sich hervorragend mit einem Concealer in einem hellen Ton kaschieren, Rötungen und feine Besenreißer verschwinden mit einem grünen Concealer, der die Komplementärfarbe Rot fast vollständig »schluckt«.

Auch Peelings können helfen. Wer allerdings empfindliche Haut hat, sollte damit sehr vorsichtig sein und möglichst keine Peelings mit Schleifpartikelchen, sondern enzymatisch wirkende Produkte für sensible Haut verwenden, die die abgestorbenen Hautschüppchen sanft auflösen.

Fahler, matter Teint

Befreit die Haut erst einmal mit einem sanften Peeling von Hautschüppchen und gebt ihr dann mithilfe einer feuchtigkeitsspendenden Maske Volumen und Spannkraft zurück. Um den Teint noch mehr erstrahlen zu lassen, könnt ihr Puder mit Perlmutschimmer oder Goldreflexen über das Finish stäuben. Ansonsten solltet ihr viel Wasser trinken, oft an die frische Luft gehen und Outdoor-Sportarten wählen, die jede Menge Spaß bringen, wie Rodeln, Inlineskaten oder Biken.

Für strahlende Augen

Augen verraten so viel von der Seele und der Persönlichkeit des Menschen. Da die Haut um die Augen herum besonders empfindlich und mit nur einem halben Millimeter viermal dünner als die übrige Gesichtshaut ist, benötigt sie eine ganz spezielle Zuwendung und Pflege. Achtet beim Abschminken darauf, dass ihr die empfindliche Augenhaut nicht noch unnötig zieht und dehnt, sondern entfernt die Schminke sanft mit einem Wattepad, das ihr zuvor mit einem milden Augen-Make-up-Entferner getränkt habt.

Die ideale Pflege

Augenprodukte unterscheiden sich in ihrem Fettgehalt von den übrigen Gesichtscremes. Sie enthalten keine sogenannten Kriechfette, die in die Augen dringen und Rötungen hervorrufen können. Daher solltet ihr wirklich nur spezielle Augenpflegeprodukte verwenden. Einen Tropfen Augencreme oder -gel auf die saubere Fingerspitze geben und gefühlvoll von außen nach innen einklopfen. Gebt die Creme nicht direkt auf die Augenlider, da sie sonst in die Augen gelangen könnte und diese nur unnötig reizt. Nachts können sich die Wirkstoffe der Creme besonders gut entfalten, da die Haut während des Schlafs die effektivste Reparaturarbeit leistet und Pflegestoffe besonders gut aufnehmen und verwerten kann. Daher empfiehlt sich abends eine pflegende, aufbauende Creme und morgens ein abschwellendes und erfrischendes Gel.

Boris' Tipp

Bei dunklen Augenschatten hilft eine Augencreme mit aufhellenden Partikeln und einem sogenannten Feuchtigkeits-Booster oder eine feuchtigkeitsspendende Augenmaske. Tragt die Creme oder Maske dünn auf und gebt flüssigen hellen Concealer darüber. Den Concealer könnt ihr auch punktuell auf den äußeren Augenwinkeln auftragen – das lässt die Augen noch stärker strahlen.

Was tun gegen müde, geschwollene Augen?

Da hilft nur »Abschwellen und Ausbügeln«. Ideal sind dafür bereits mit speziellen Wirkstoffen getränkte Pads, die ihr etwa zehn Minuten unter die Augen legt. Die Wirkstoffe dieser Intensivmaske reduzieren Lach- und Mimikfältchen, die übrigens auch durch rund 10.000 Blinzelvorgänge pro Tag verursacht werden. Danach habt ihr sofort einen unwiderstehlich klaren Blick. Schnelle Abhilfe bringen auch im Kühlschrank gelagerte Teelöffel. Die Löffelrücken ein paar Minuten auf die Augen legen und anschließend die Lymphe, eine wasserähnliche Flüssigkeit, die sich in euren Lymphgefäßen befindet, vorsichtig unter den Augen zur Seite und nach unten hinweg streichen.

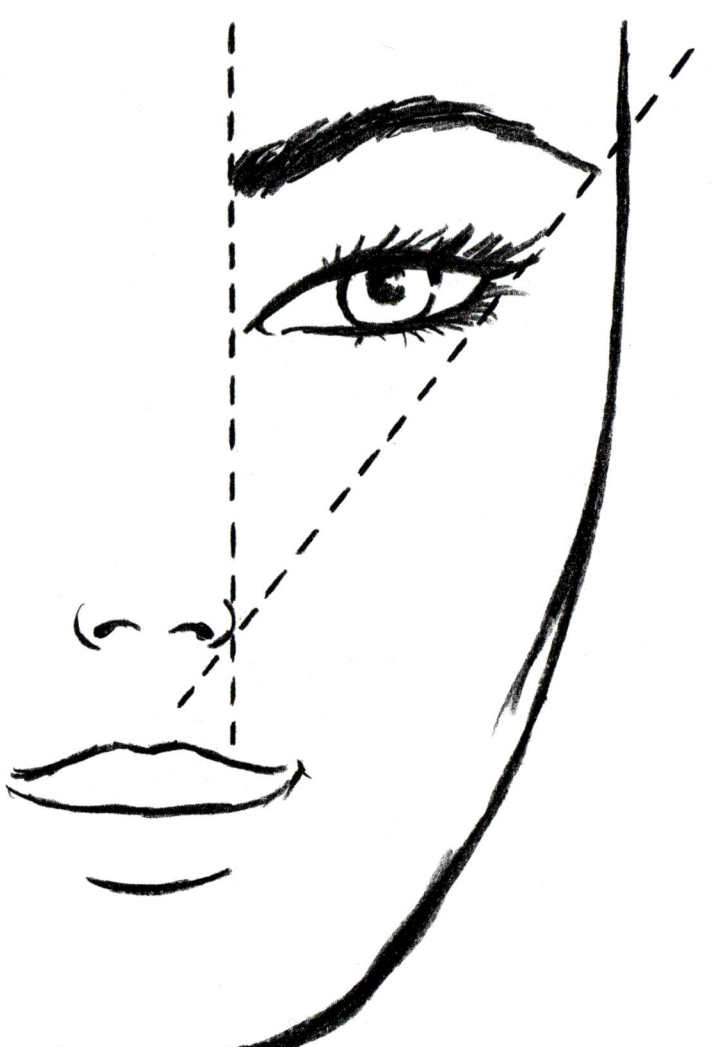

Gut in Form

Das Styling der Augenbrauen dient im Allgemeinen dazu, die Augen optisch zu vergrößern und den Blick zu öffnen. Es gibt einige Grundregeln, die euch das korrekte Zupfen erleichtern. Die Höhe des Augenbrauenschwungs ebenso wie die Länge der Braue sind normalerweise schon von Natur aus optimal, des-wegen solltet ihr die Augenbrauen nicht von oben wegzupfen, sondern nur einzelne »Ausreißer« in Form bringen. Auch unterhalb der Brauen reicht es meist aus, einzelne Härchen zu entfernen, damit der natürliche Brauenbogen gepflegt aussieht.

Die ideale Augenbrauenform für euer Gesicht könnt ihr ganz einfach selbst ermitteln: Lehnt einen Stift oder Pinsel an dem rechten beziehungsweise linken Nasenflügel an und verbindet diesen Punkt jeweils mit dem inneren Anfangspunkt des Auges. In der Verlängerung seht ihr nun den idealen Endpunkt für das »innere Brauenende«.

Um das optimale »äußere Augenbrauenende« zu finden, verbindet ihr nun mithilfe des Stifts oder Pinsels den Punkt am Nasenflügel mit eurem äußeren Augenwinkel.

Die Endpunkte der Ideallinie könnt ihr mit einem weißen Kajalstift markieren. Stehen Härchen darüber hinaus, beginnt ihr, sie von außen her zu reduzieren. Kontrolliert dabei immer wieder mithilfe des Stifts oder Pinsels die exakte Linie, damit ihr nicht aus Versehen zu viele Haare entfernt.

Entscheidend für die richtige Augenbrauenform ist neben der aktuellen Mode vor allem eure Gesichtsform. Einem kantigen oder vollen Gesicht steht der neue Trend mit voluminösen, ausdrucksstarken Brauen besser als einem zarten, schmalen Gesicht, in dem elegante, schmale Brauen am besten wirken.

Die aktuelle Tendenz geht verstärkt zu natürlich aussehenden Augenbrauen, die aber perfekt in Form sein müssen. Vereinzelte dunkle, borstige Härchen solltet ihr immer gründlich entfernen. Zu stark gezupfte, künstlich nachgezogene Augenbrauen hingegen sind ein absolutes No-go.

Der ideale Abstand zwischen den Augenbrauen sollte in etwa zwei Finger breit betragen. Ist der Abstand zu groß geraten, wird die Nase unvorteilhaft betont, wirkt dadurch breiter und verkleinert optisch die Augen. Sind die Brauen hingegen zu sehr zusammengewachsen, wirkt der Blick ernst und streng.

Boris' Tipp
Zu stark gezupfte Augenbrauen kaschiert ihr kurzfristig am besten mit einem dunklen Puderlidschatten, den ihr mit einem feinen Pinsel mit vielen kleinen Strichen auftragt, um so die natürlichen Härchen nachzuahmen und zu ersetzen. Dazu müsst ihr die Härchen zuerst nach unten bürsten und dann die natürliche Form ausfüllen. Anschließend kämmt ihr die Härchen wieder zurück. Langfristig hilft es allerdings nur, die Härchen mehrere Wochen in Ruhe nachwachsen zu lassen – auch wenn's schwerfällt – und dann erst einmal zu einem Profi zu gehen.

1 Ovale Gesichtsform
Zu einem ovalen Gesicht passt am besten eine lang gezogene, mäßig hohe Augenbraue mit leichtem Bogen.

2 Längliche Gesichtsform
Ein längliches Gesicht bekommt mit flachen, geradlinigen Augenbrauen eine bessere Proportion, da das Gesicht dadurch optisch etwas verkürzt wirkt.

3 Rundliche, flächige Gesichtsform
Bei einem breiten Gesicht heben hoch gezogene, in einem großen Bogen auslaufende Augenbrauen das Gesicht an und lassen es schmaler wirken.

4 Zierliche, schmale Gesichtsform
Ein zierliches Gesicht wird von buschigen Augenbrauen »erschlagen«. Schmale, elegant geschwungene Brauen unterstreichen die zarten Konturen.

Das »Werkzeug«

Für eine professionelle Augenbrauenkorrektur und schön geschwungene Augenbrauen braucht ihr nicht nur die entsprechende Technik, sondern auch die richtigen Hilfsmittel. Das wichtigste Werkzeug ist natürlich die Pinzette. Sie sollte vorne abgeschrägte Kanten haben, damit ihr auch alle Härchen einzeln erwischt. Je fester die Pinzette gespannt ist, desto besser lässt sie sich beim Zupfen führen. Zusätzlich braucht ihr ein Bürstchen oder Kämmchen, um die Brauen in Form zu bringen. Ein Gel ist unerlässlich, um zum Schluss die ideale Form zu fixieren.

Die Technik

Zupft die Härchen **immer in Wuchsrichtung**. Um dabei zu verhindern, dass es zieht, spannt ihr die Haut **zwischen Daumen und Zeigefinger** [Abb. 1] und entfernt zunächst die einzeln stehenden Härchen.

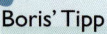
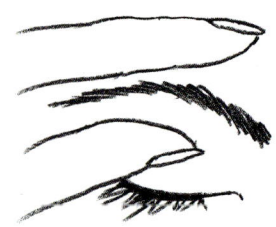

Dann kämmt ihr die Härchen mit einem **Augenbrauenbürstchen** [Abb. 2] in Wuchsrichtung nach oben und streicht sie glatt. So könnt ihr die natürliche Form besser erkennen. Die Haare außerhalb der Ideallinie zupft ihr **in ganzen Reihen** heraus, sonst entstehen ungleichmäßige, ausgefranste Ränder. Ihr entfernt also zuerst bei der einen, dann bei der anderen Augenbraue eine Härchenreihe und überprüft das Zwischenergebnis. Lange, herunterhängende Härchen nicht zupfen, sonst entstehen Löcher, sondern **mit einer kleinen Schere kürzen** [Abb. 2].

Was ihr jedoch **auf keinen Fall** machen solltet, ist, die Augenbrauen zu **rasieren**, denn dann wachsen sie rasch als dunkle Stoppeln nach und das sieht absolut nicht sexy aus!

Wenn ihr euch unsicher über die Form seid, solltet ihr einen Profi aufsuchen. Als Vorbereitung dafür müsst ihr mindestens zwei Wochen lang eure Brauen wachsen lassen, damit der Profi die natürliche Form erkennen kann. Danach könnt ihr die nun vorgegebene Idealform immer wieder selbst nachkorrigieren. Ansonsten könnt ihr auch eine Schablone verwenden, die ihr auf eure Brauen auflegt und mit einem hellen Stift **die ideale Linie markiert** [Abb. 3]. Die Härchen außerhalb dieser Markierung könnt ihr dann vorsichtig entfernen [Abb. 4].

Das Styling

Perfekt gezupfte Augenbrauen brauchen in der Regel nur wenig Styling. Streicht sie einfach mit einem Bürstchen nach oben und bringt sie mit etwas Öl zum Glänzen. Ihr könnt auch auf ein Brauenkämmchen Haarspray aufsprühen und die Augenbrauen damit bürsten und fixieren. Dünne, löchrige Augenbrauen bessert ihr mit einem Augenbrauenstift oder einem kleinen, festen Pinsel und Lidschatten- oder Brauenpuder aus: Nehmt mit dem Pinsel etwas Farbe auf, klopft überschüssige Farbe am Handrücken ab und füllt die natürliche Form mit zarten, aufwärts führenden Pinselstrichen auf. Die Brauen auf keinen Fall ausmalen oder einen Balken ziehen, sondern nur am oberen Rand stricheln! Fürs Finish die Brauen noch kurz bürsten, dadurch verwischt ihr die Korrekturen, und störrische Härchen legen sich flach an.

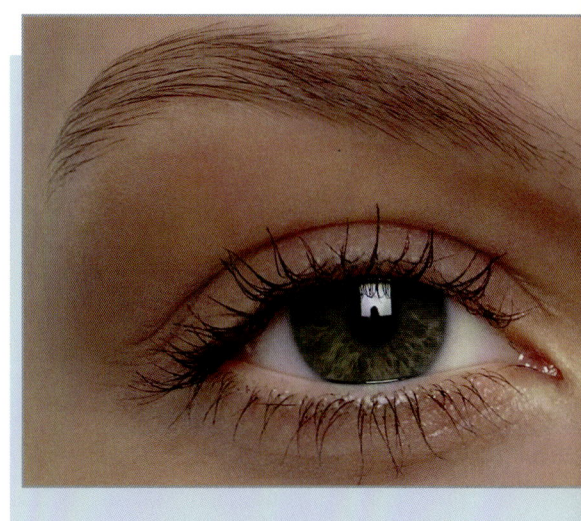

Für den dramatischen Catwalk-Look (siehe Seite 108 f.) mit übertrieben betonten Augenbrauen könnt ihr die Härchen nach oben bürsten und breitflächig mit dunklem Lidschatten schattieren. Wenn ihr den Lidschatten feucht auftragt, fällt das Ergebnis noch dunkler aus. Anschließend fixiert ihr das Ganze mit Gel. Dazu passen ein rötlicher, bis zur Braue hochgezogener Lidschatten und stark getuschte Wimpern. Zu so einem Auftritt braucht ihr natürlich auch ein mondänes Outfit und jede Menge Power. Experimentiert doch ruhig mal mit den Looks und mit den Farben.

Die Farbe

Erlaubt ist, was gefällt. Aber achtet darauf, dass zu dunkle Augenbrauen bei hellen Haaren das Gesicht schnell maskenhaft und unnatürlich aussehen lassen. Den meisten Frauen steht ein mittelbrauner Farbton am besten. Wem das ständige Tuschen zu aufwendig ist, kann sich die Brauen ebenso wie die Wimpern beim Friseur oder bei der Kosmetikerin färben lassen. Das ist manchmal nötig, wenn der Farbton des Haares verändert wurde und die Augenbrauenfarbe nicht mehr zur Haarfarbe passt.

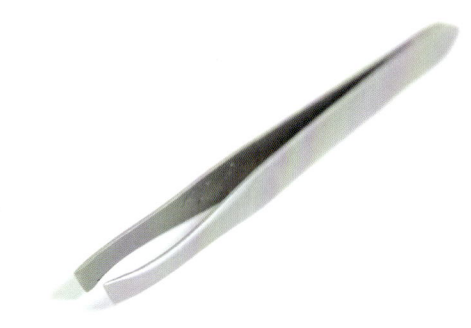

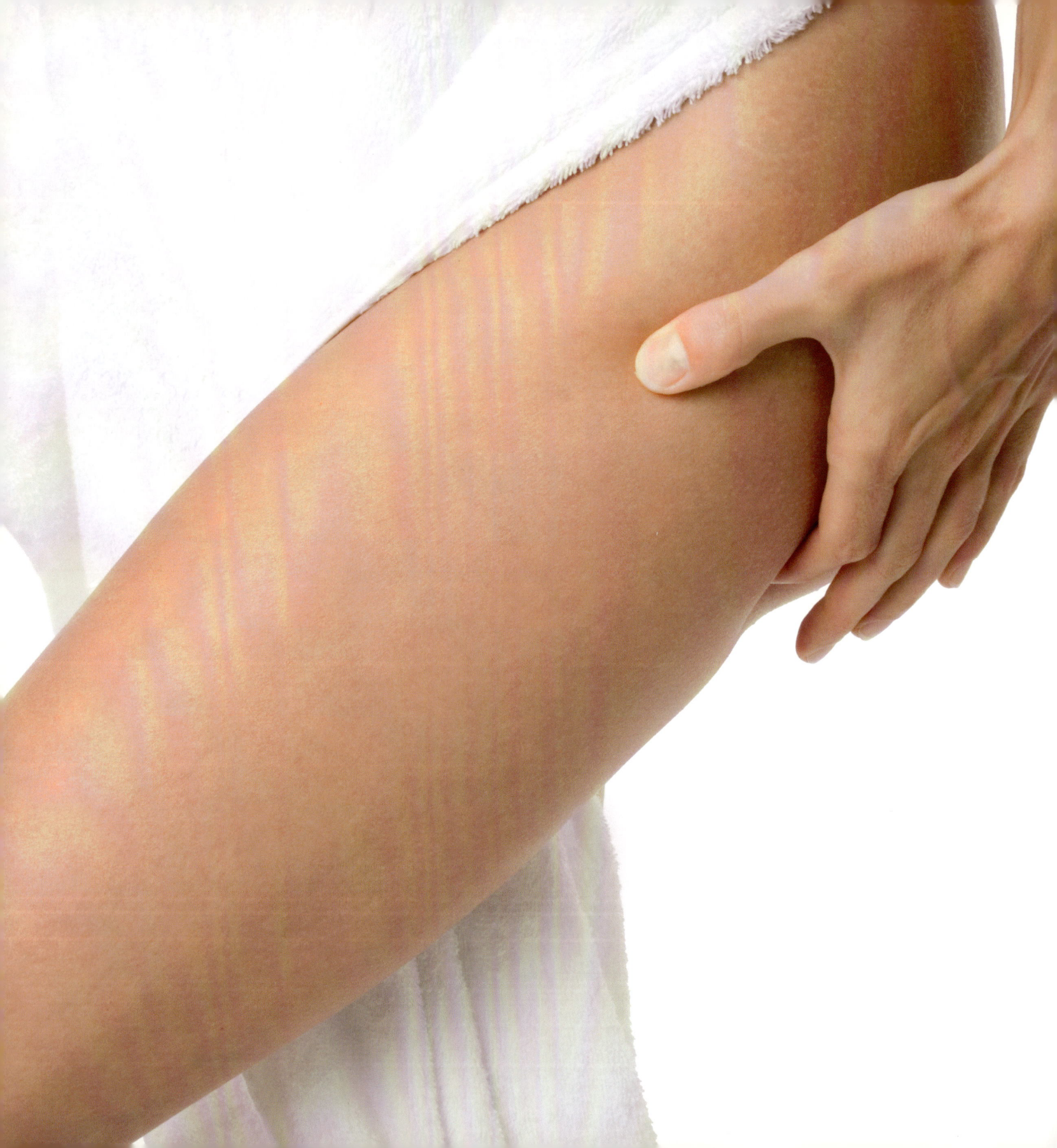

Für einen schönen Körper

Gepflegt von Kopf bis Fuß – das sollte nicht nur für Models Pflicht sein. Nichts ist erotischer als eine gepflegte, streichelzarte Haut. Mit einem effektiven Bodypeeling macht ihr eure Haut blitzschnell samtweich. Einfach beim Duschen den ganzen Körper – vor allem die rauen Ellenbogen – sorgfältig abrubbeln und mit klarem Wasser abspülen. Nach dem Duschen cremt ihr euch mit einer pflegenden, feuchtigkeitsspendenden Körperlotion ein und verwöhnt euch gleichzeitig mit einer sanften Massage.

Samtweiche Haut durch Peeling

Ein geschmeidiges Hautgefühl erreicht ihr am besten mit einer Kombination aus effektivem Körperpeeling und körperlicher Bewegung. Nach dem Sport geht's ab in die Sauna und danach macht ihr ein Peeling – das lässt eure Haut so richtig aufleben. Wenn die Haut jetzt gut durchblutet ist, könnt ihr ein Körperöl mit Koffein oder Algenextrakten auftragen und einmassieren. Die Wirkstoffe bekämpfen lästige Dellen und Beulen im Bindegewebe. Gegen Cellulite hilft eine Kombination aus Ernährung, Bewegung, Massage und aktivierenden Cremes. Wundermittel gibt es leider noch nicht, aber mit gesunden Lebensmitteln, Sport und der richtigen Pflege könnt ihr die unschönen Dellen im Oberschenkel erfolgreich reduzieren.

Ein Dekolleté zum Staunen

Wenn ihr ein ausgeschnittenes Top tragt, achtet darauf, dass das Gesichts-Make-up nahtlos in das Dekolleté übergeht. Wollt ihr glamourös auftreten, könnt ihr Dekolleté und Schultern mit einem Hauch Gold- oder Glitzerpuder bestäuben, das eurer Haut einen edlen, sanft schimmernden Bronzeton verleiht. Warme Metalltöne wie Bronze, Gold und Kupfer passen dabei besser zu einem leicht gebräunten Teint, hellhäutige Blondinen und rothaarige Frauen mit einem zarten Porzellanteint setzen sich mit einem glänzenden Silberpuder gekonnt in Szene. Bei tief ausgeschnittenen Kleidungsstücken könnt ihr einen Hauch erdfarbenen Rouges oder ein dunkles Make-up zwischen den Brüsten auftragen, das verleiht optisch mehr Tiefe und hebt sie ein wenig hervor.

Boris' Tipp

Bevor ihr einen Selbstbräuner verwendet, solltet ihr ein Peeling machen, um Hautschüppchen zu entfernen und so eine gleichmäßige Bräunung zu gewährleisten. Nach dem Auftragen unbedingt gründlich die Hände waschen! Wer die »Sonne aus der Tube« erst einmal ausprobieren möchte, kann eine selbstbräunende Gesichtscreme oder Bodylotion benutzen. Die Bräune ist zwar nicht sofort sichtbar, baut sich aber bei regelmäßiger Anwendung langsam auf und ist dadurch feiner regulierbar.

Nicht vergessen: Lichtschutz!

Gesunde Haut ist das schönste Kleidungsstück, das uns bedeckt, und unser kostbarstes. Der größte Feind dieser sensiblen Schutzhülle ist das UV-Licht der Sonne. Intensives Sonnenbaden beschleunigt nicht nur drastisch den Hautalterungsprozess, sondern erhöht zudem die Hautkrebsgefahr. Vermeidet dieses Risiko und schützt eure Haut, so gut es geht. In der Mittagshitze ungeschützt in der Sonne zu liegen oder dreimal in der Woche ins Solarium zu gehen, ist tabu. Auf eine gepflegte Sonnenbräune braucht ihr trotzdem nicht zu verzichten.

Stattdessen solltet ihr vernünftig mit den Sonnenstahlen umgehen. Im Schatten bräunt man zwar nicht so schnell, dafür aber lang anhaltender und vor allem gesünder. Ich empfehle euch, nie ohne Sonnenschutz aus dem Haus zu gehen, sondern immer eine Tagespflege mit einem Lichtschutz der Stärke 15 für das Gesicht zu verwenden. Die sogenannten Sonnenterrassen Dekolleté, Fußrücken und Hände brauchen ebenfalls ausreichenden UV-Schutz. Für ein Sonnenbad sollte der Lichtschutzfaktor mindestens 25 betragen. Und denkt daran, die Sonnenmilch etwa 30 Minuten vorher aufzutragen, damit sie den chemischen Sonnenschirm aufbauen kann.

Wer schön sein will, muss leiden: Haarentfernung

Unterschätzt nie die erotische Wirkung von schönen, gepflegten Beinen! Glatte, perfekt enthaarte Beine sind ein fantastischer Beautyfaktor. Auch wenn ihr wie im tiefsten Winter eingemummelt seid, werdet ihr euch selbstsicherer fühlen, wenn ihr perfekt enthaart seid. Bikinizone, Achseln und Beine sollten das ganze Jahr über von störenden Härchen befreit werden. So seid ihr auf alle Eventualitäten und spontanen Aktionen vorbereitet.

Rasieren

Beim Klassiker werden die einzelnen Haare direkt an der Hautoberfläche gekappt. Spannt die Haut mit Daumen und Zeigefinger und rasiert gegen die Wuchsrichtung. Im Bikinibereich solltet ihr aber in Wuchsrichtung rasieren, um Rötungen und Entzündungen zu vermeiden. Der Nachteil beim Rasieren ist, dass es nur etwa zwei Tage hält, dann müsst ihr erneut die Klinge ansetzen, sonst wird es stachelig. Dafür ist diese Methode schnell, billig und schmerzfrei, zumindest dann, wenn ihr euch nicht schneidet. Nach dem Rasieren entspannt ihr die Haut mit einer beruhigenden Creme.

Enthaarungscremes

Bei der chemischen Enthaarung werden die Haare in ihrer Wurzel aufgelöst. Die Härchen können nach einer kurzen Einwirkzeit von etwa zehn Minuten einfach abgeschabt werden. Allerdings riechen viele Produkte unangenehm und entfernen nicht immer alle Haare gleichmäßig. Wer empfindliche Haut hat, sollte chemische Enthaarungsmittel besser nur für die Beine verwenden. Ebenso wie das Rasieren ist diese Enthaarungsmethode schnell, effektiv und schmerzfrei. Das Ergebnis hält rund zehn Tage und die Haare wachsen nicht stoppelig, sondern weich nach.

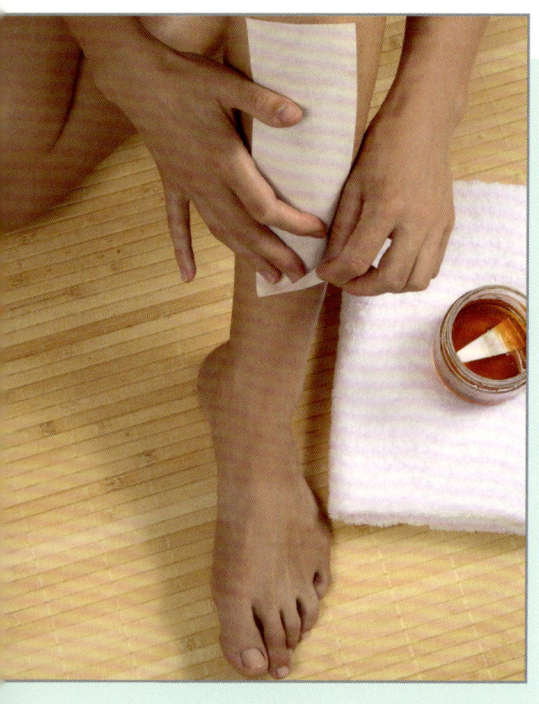

Wachsen

Für eine ein bis zwei Wochen lange haarfreie Zeit muss man bei dieser Haarentfernung ganz schön die Zähne zusammenbeißen. Aber sie liefert perfekte, lang anhaltende Ergebnisse, vor allem im Bikinibereich. Die Körperhaarentfernung mit Heißwachs braucht etwas Übung. Daher würde ich diese Behandlung, speziell was die empfindliche Achselpartie sowie den Intimbereich angeht, lieber einem erfahrenen Profi überlassen. Das kostet zwar etwas mehr, erspart euch dafür aber einiges an Schmerzen. Denn generell ist eine Haarentfernung mit Wachs schmerzhaft, da im Gegensatz zum Epilieren viele Härchen gleichzeitig entfernt werden. Da wie beim Epilieren die Haare aus der Wurzel gerissen werden, verkümmern diese mit der Zeit und bilden nicht mehr so viele Haare nach. Nach zwei bis drei Sitzungen tritt eine Art Gewöhnung auf, die diese Methode erträglicher macht. Zur Nachbehandlung legt ihr eine kühlende Gelpackung auf und lindert eventuell auftretende Irritationen mit einer hautberuhigenden Lotion.

Epilieren

Beim Epilieren ziehen unzählige Pinzetten die Härchen einzeln heraus. Da die Pinzetten mit einer enormen Geschwindigkeit arbeiten, empfindet man den Schmerz nur als leichtes Ziepen. Zieht eure Haut bei der Behandlung immer straff und lasst das Gerät mit ruhiger Hand gegen den Strich über die Haut gleiten. Die ideale Haarlänge fürs Epilieren liegt zwischen einem halben und einem Zentimeter. Längere Haare solltet ihr erst rasieren und etwa zwei bis drei Tage später epilieren. Diese Haarentfernungsmethode ist aber nicht für die Bikinizone und den Bereich unter den Achseln geeignet; und sie ist nicht völlig schmerzfrei. Je regelmäßiger ihr aber epiliert, desto mehr gewöhnt sich eure Haut daran und reagiert weniger stark mit Rötungen oder Schmerzen. Und nach einiger Zeit wachsen die Härchen auch schwächer nach. Um zu verhindern, dass die feinen Härchen in die Haut einwachsen, könnt ihr beim Duschen ab und zu ein sanftes Peeling machen. Das Ergebnis der Epilation hält ein bis zwei Wochen und die Härchen wachsen weich nach. Nach dem Epilieren beruhigt ihr die Haut am besten mit einem Coolpack und tragt eine »Aftershave«-Lotion auf. Da sie auf diese Zupfbehandlung oft mit Rötungen reagiert, ist die beste Zeit für die Behandlung kurz vor dem Schlafengehen.

Sensible Zone: Schambehaarung

Für die Intimenthaarung könnt ihr natürlich dieselben Hilfsmittel verwenden wie für die Beine und Achseln, also Rasierer, Epilierer und Enthaarungscreme. Im Trend liegt jedoch das sogenannte **Waxing**, die Enthaarung mit flüssigem Heißwachs. Es entfernt die Haare extrem gründlich und hält außerdem etwa ein bis zwei Wochen. Diese Methode solltet ihr jedoch ausschließlich von einem Experten vornehmen lassen!

In Südamerika spricht man vom »**Brazilian Waxing**« oder dem »**Landing Strip**«, in Frankreich vom »**Ticket Métro**«, was bedeutet, dass auf dem Venushügel lediglich ein zwei Finger breiter Streifen zurückbleibt. Die bei Models, Schauspielerinnen und Celebrities zunehmend beliebte Variante aus Hollywood ist sogar noch etwas radikaler: Beim sogenannten   werden der komplette Schamhügel sowie die Scham vollständig enthaart. Spätestens durch die US-Serie »Sex and the City« hat das aus Brasilien stammende **Bikini-Waxing** auch bei uns Einzug gehalten. Die Methode als solche ist zwar schon seit mehr als 3000 Jahren bekannt und wurde bereits von ägyptischen Frauen und Männern angewandt, um lästige Körperhaare zu entfernen. Der aktuelle Trend stammt jedoch aus Brasilien, wo das Intim-Waxing zum ganz alltäglichen Beautyprogramm der Brasilianerinnen gehört.

Flüssiges Wachs wird auf die Haare aufgetragen, mit Tüchern bedeckt und sobald es erstarrt ist, mit einer schnellen, ruckartigen Bewegung entfernt. Hört sich schmerzhaft an und ist es auch. Denn das ist der große Nachteil dieser Methode. Je nach persönlichem Schmerzempfinden können die Empfindungen von »unangenehm« bis »schrecklich« ausfallen. Tröstlich ist aber, dass nach der zweiten oder dritten Sitzung die Schmerzempfindlichkeit nachlässt, da die Härchen nicht mehr so stark nachgebildet werden. Nach der schweißtreibenden Aktion kann man die Haut mit einer Aloe-vera-Lotion und Coolpacks beruhigen. Doch das Ergebnis ist wirklich großartig.

Lasern

Bei einer Laserbehandlung werden die Haarwurzeln mit einem energiestarken Licht »verbrannt«, sterben ab und kein Haar kann mehr nachwachsen. Allerdings kostet diese Art der Behandlung viel Geld und erfordert Zeit und Geduld, da die Wurzeln nur in einer bestimmten Wachstumsphase zerstört werden können und somit mehrere Sitzungen notwendig sind, um alle Haarwurzeln zu erreichen. Ganz schmerzfrei ist das natürlich auch nicht, dafür aber dauerhaft. Die Haarentfernung per Laser sollte jedoch nur von geschulten Fachleuten, das heißt, von erfahrenen Dermatologen durchgeführt werden! Verwöhnt eure Haut danach mit einer schimmernden Körperlotion oder einem Body-Bronzer.

Hände wie Samt und Seide

Gepflegte Hände und Nägel sind ein absolutes Must-have. Sind die Augen das Spiegelbild unserer Seele, so sind die Hände unsere Visitenkarte. Eingerissene Fingernägel und abgesplitterter Nagellack zerstören jeden noch so perfekt gestylten Look. Mindestens einmal pro Woche stehen daher Peelen, Pflegen, Feilen und Lackieren auf dem Schönheitsprogramm. Wie auch beim Make-up geht hier der Trend zu natürlichen, zart lackierten Nägeln.

Die richtige Pflege macht's möglich

Bevor es an das eigentliche Feilen und Gestalten des Nagels geht, macht ihr aus rissigen, rauen Händen Samtpfötchen. Dazu müsst ihr eure Hände mindestens einmal pro Woche mithilfe eines sanften Peelings von abgestorbenen Hautschüppchen befreien. Dadurch wird die Haut nicht nur besser durchblutet, sondern auch aufnahmebereit für die anschließende Handpflege. Unsere Hände sind den ganzen Tag in Aktion und das meist ungeschützt. Um sie vor äußeren Einflüssen zu bewahren, solltet ihr deshalb eine spezielle Handcreme benutzen, die die Haut rasch mit allen nötigen Wirk- und Pflegestoffen versorgt.

Gerade im Winter benötigen unsere Hände eine ganz besondere Pflege, damit sie nicht rau und rissig werden. Als Extrapflege vor dem Schlafengehen reibt ihr die Hände zuerst gründlich mit einer Peelingcreme ein und wascht sie dann unter klarem Wasser ab. Die Hände gut trocken tupfen und dick mit einer pflegenden Handmaske bedecken. Damit eure Bettwäsche keine Fettflecken bekommt, könnt ihr dünne Baumwollhandschuhe überziehen und die Maske über Nacht einwirken lassen. Der Saunaeffekt der Handschuhe verstärkt die Wirkstoffaufnahme der Haut und macht die Hände über Nacht herrlich zart und geschmeidig. Im Sommer solltet ihr unbedingt eine Handcreme mit Sonnenschutz verwenden, die der vorzeitigen Hautalterung und der Entstehung von Altersflecken entgegenwirkt.

So gelingt die Maniküre

Für eine perfekte Maniküre braucht ihr neben der passenden »Grundausrüstung« Zeit und Geduld. Am besten sucht ihr euch einen gemütlichen Platz, hört entspannende Musik und bereitet alle Utensilien vor. Je konzentrierter und gewissenhafter ihr die Nagelpflege betreibt, desto perfekter wird das Ergebnis.

Unverzichtbare Basics für eure Hände sind

- eine hochwertige **Sandblattnagelfeile**
- ein **Nagelhautentferner,** um schonend unschöne, überstehende und verhärtete Nagelhaut zu entfernen
- ein glättender **Unterlack**, der Unebenheiten des Nagels ausgleicht und kleine Rillen auf dem Nagel verschwinden lässt; zudem verhindert der Unterlack Verfärbungen des Nagels durch den Überlack
- ein **Repair-Serum**, das gespaltene und brüchige Nägel versiegelt und eingerissene Nagelstellen verschwinden lässt
- klare Lacke für einen natürlichen Look sowie verschiedene farbige Nagellacke
- ein glänzender **Überlack**, der das perfekte Finish der Lackierung ermöglicht und ein Absplittern des Lacks verhindert
- ein **Nagelweißstift,** der den besonders natürlichen, angesagten French-Look erzeugt

Kleine Formenlehre

Was die Nagelform angeht, ob rund, spitz oder gerade endende Nägel, ist alles erlaubt. Wichtig ist, dass die Ecken sorgfältig gefeilt sind, sodass der Nagel nicht einreißen kann, man sich nicht selbst verletzt oder Fäden an der Kleidung zieht.

- Bei **runden Nägeln** empfiehlt sich, die Form des Ovals an die Form des Nagelmonds anzupassen. Dann wird das Ergebnis besonders natürlich.
- **Breite Nägel** sollte man nicht komplett mit Lack überziehen, sondern links und rechts vom Nagelbett einen kleinen Rand frei lassen. Das streckt den Nagel optisch und macht ihn schmaler.
- **Kleine Nägel** hingegen können mit hellerem Lack und kompletter »Bemalung« optisch größer wirken.

Step 1

Vor Beginn der Maniküre müssen alle Farbreste sorgfältig mit einem **alko-holfreien Nagellackentferner** von den Fingernägeln entfernt werden. Gelblich verfärbte oder glanzlose Nägel können mit etwas Weißweinessig aufgehellt und anschließend poliert werden.

Step 2

Zur optimalen Vorbereitung die Hände etwa **fünf Minuten in ein Olivenölbad** legen. Es macht die Nägel weicher und verhindert, dass sie beim anschließenden Feilen splittern. Die Hände danach gut abtrocknen.

Step 3

Mit einem flüssigen Nagelhautentferner die Nagelhaut zusätzlich einweichen und anschließend mit einem **Rosenholzstäbchen vorsichtig zurückschieben**. So wird überstehende oder verhärtete Nagelhaut gelöst und der Nagel wirkt größer. Die Nagelhaut auf keinen Fall abschneiden, denn das kann zu schmerzhaften Infektionen führen!

Step 4

Die Nägel nur schneiden, wenn sie eingerissen sind, ansonsten sollten sie immer nur **mit einer Feile gekürzt** und in Form gebracht werden. Dafür eignen sich am besten Sandblattfeilen, die selbst brüchige Nägel schonen. Bei kräftigeren Nägeln kann man auch Diamantfeilen verwenden. Wichtig ist jedoch, dass man beim Feilen immer vom Rand zur Nagelmitte hin arbeitet und nicht einfach die Feile hin- und herbewegt. Dadurch brechen die Nägel nicht so schnell ab. Grundsätz-lich sollten alle Nägel dieselbe Länge haben. Sollte also ein Nagel abbrechen, müssen – leider – auch die restlichen Nägel an die Länge angepasst werden.

Step 5

Vor dem Lackieren die Nageloberfläche entfetten, damit der Lack besser auf der Nageloberfläche hält. Dazu etwas **Nagellackentferner** auf ein Wattestäbchen geben und einmal über die Nageloberfläche wischen. Leicht nachpolieren.

Step 6

Bei weichen, brüchigen Nägeln unbedingt einen **Nagelhärter** verwenden. Er schützt und stärkt den Nagel und wird noch vor dem Unterlack aufgetragen.

Step 7

Glatte, glamouröse Fingernägel gelingen mit einer **perfekten Grundierung**. Der dickflüssige, farblose Unterlack gleicht Unebenheiten und Rillen aus und legt sich wie eine zweite Haut auf den Nagel. Der Unterlack dient zum einen als Basis für den farbigen Oberlack und sorgt dafür, dass dieser nicht so schnell absplittert, und zum anderen schützt er den Nagel vor gelblichen Verfärbungen, die durch besonders farbintensive Lacke entstehen können.

Step 8

Prinzipiell sollte die Farbe der Nägel zum Outfit passen und immer topgepflegt sein. Beim Lackieren mit dem Daumen beginnen, weil die große Oberfläche länger trocknen muss. Den **Nagellack** dabei stets von der Nagelhaut aus in einzelnen Bahnen nach vorne auftragen und nur **in eine Richtung streichen**. Dadurch erreicht ihr ein gleichmäßiges und lang anhaltendes Ergebnis. Zwei Schichten optimieren das Farbergebnis. Dabei sollte man darauf achten, dass nicht zu viel Lack auf dem Pinsel ist. Den Pinsel lieber noch einmal nachtauchen, sonst bilden sich Unebenheiten und hässliche »Nasen« im Lack. Wer den Ellenbogen beim Lackieren auf dem Tisch aufstützt, kann ruhiger arbeiten und malt nicht über den Nagel hinaus.

Step 9

Wer es besonders perfekt machen will, verwendet noch einen sogenannten **Coat, einen Überlack**. Ist der Nagellack getrocknet, schützt und versiegelt er ihn. So hält der Nagellack besonders lange.

Step 10

Nun die **Nägel in Ruhe trocknen** lassen. Nicht anhauchen, da die warme Atemluft den Lack eher feucht hält. Außerdem könnten sich kleinste Wassertröpfchen in den Lack einschließen und ihn stumpf und brüchig machen. Besser schnell trocknende Lacke verwenden.

Step 11

Eine vorsichtige Berührung zeigt, ob der zuletzt lackierte Nagel komplett getrocknet ist. Die Hände nun mit einer speziellen feuchtigkeitsspendenden **Hand- und Nagelcreme** verwöhnen.

Kleine Farblehre

Bei kleinen Nägeln lassen dunkle Farben das Nagelbett kleiner erscheinen. Dunkle Lacke oder auch die zurzeit angesagten roten Nägel sehen bei etwas längeren Nägeln und schmalen, feingliedrigen Händen am edelsten aus. Für kleine Nägel lieber hellere Töne verwenden, das streckt sie optisch und wirkt elegant.

Um sehr große Nägel optisch kleiner wirken zu lassen, sollte man nicht zu helle Farben verwenden. Weiße oder perlmuttfarbene Lacke lassen die Nägel größer erscheinen. Wer ein schönes, langes Nagelbett und exakt gefeilte, lange Fingernägel hat, kann ganz einfach mit einem Nagelweißstift den angesagten, natürlichen French-Look zaubern.

So weit deine Füße dich tragen

Vielleicht schenken wir unseren Füßen darum so wenig Beachtung, weil sie am weitesten von uns entfernt sind und wir sie deshalb einfach nicht richtig sehen. Dabei leisten unsere Füße täglich Schwerstarbeit, lassen uns laufen, tanzen und springen. Auch wenn wir sie im Winter in blickdichten Socken verstecken, sollten wir unsere Füße nicht nur im Sommer perfekt pflegen. Nichts ist so unerotisch wie ungepflegte, raue Füße unter der kuscheligen Bettdecke.

Das richtige Peeling

Mit einem warmen Fußbad könnt ihr euch nicht nur nach einem anstrengenden Tag herrlich entspannen, ihr weicht auch eure Fußsohlen auf und bereitet Haut und Nägel optimal für die anstehende Behandlung vor. Wenn ihr möchtet, könnt ihr einen Schuss Olivenöl, ätherische Öle oder eine spezielle Fußpflege in das Wasser geben. Nach 15 bis 20 Minuten nehmt ihr die Füße aus dem Wasser und frottiert sie gründlich ab. Nun lässt sich die Nagelhaut leicht mit einem Rosenholzstäbchen zurückschieben und die aufgeweichte Hornhaut mit einem Bimsstein oder einer feinen Fußfeile abrubbeln. Allerdings müsst ihr darauf achten, dass ihr nicht zu viel Hornhaut auf einmal entfernt, sonst besteht die Gefahr, dass sie umso stärker nachwächst. Verwendet bitte auch keinen Hornhauthobel, denn damit könnt ihr euch ernsthaft verletzen! Es reicht vollkommen aus, wenn ihr die Hornhaut regelmäßig sanft abrubbelt. Bei ernsthaften Problemen wie tief eingerissenen Fußsohlen oder eingewachsenen Nägeln solltet ihr allerdings eine medizinische Fußpflege aufsuchen und nicht selbst rumhantieren.

Mit der Feile könnt ihr auch schon vor dem Fußbad grob die oberste Hornhautschicht entfernen. Anschließend tragt ihr ein spezielles Fußpeeling auf und rubbelt die Füße ordentlich damit ab. Mit dem Peeling entfernt ihr die noch übrig gebliebenen Hautschüppchen und regt die Durchblutung an. Danach spült ihr die Füße gründlich mit klarem Wasser ab. Wenn ihr nun eine leichte, pflegende Fußcreme so lange einmassiert, bis sie restlos eingezogen ist, werdet ihr garantiert wie auf Wolken laufen.

Boris' Tipp
Für eine Extraportion Pflege bei stark strapazierten Füßen mit eingerissenen Fersen oder extrem rauen Ballen sorgen spezielle Fußmasken. Nach dem Peeling tragt ihr die Maske fingerdick auf, wickelt die Füße in Klarsichtfolie ein und lasst sie eine Viertelstunde lang ruhen. Dadurch wird die Wirkung des Produkts intensiviert. Danach wascht ihr die Maskenreste ab und verwöhnt die Füße mit einer vitalisierenden und feuchtigkeitsspendenden Creme. Baumwollsöckchen anziehen und erneut relaxen.

So gelingt die Pediküre

Alle drei bis vier Wochen solltet ihr die Fußnägel mit einem Nagelknipser oder einer -schere in Form bringen. Den Nagel dabei aber nicht wie einen Fingernagel rund feilen, sondern immer gerade abschneiden oder, noch besser, abknipsen, damit er nicht seitlich ins Nagelbett einwachsen kann.

Abschließend rundet ihr die Ecken ein wenig mit einer Sandblattnagelfeile ab. Auch bei den Fußnägeln solltet ihr nur von außen nach innen feilen und nicht wild hin und her.

Eine Fußmassage mit einer speziellen Creme rundet eure Pediküre optimal ab. Im Handel findet ihr für jeden Hauttyp Pflegeprodukte mit den unterschiedlichsten Wirk- und Duftstoffen. Eine kühlende Pfefferminzlotion zum Beispiel hilft müden Füßen wieder auf die Beine, eine Creme mit Ingwerextrakten und Rosmarinöl kurbelt die Durchblutung an und sorgt für ein wohlig-warmes Gefühl. Wer besonders trockene Füße hat, gönnt sich ab und zu mal eine Fußmaske oder trägt die Fußcreme extradick auf und lässt sie, gut verpackt in Baumwollsöckchen, über Nacht einwirken.

Wer mag, lackiert die Nägel nun noch. So genannte Zehentrenner, aber auch in sich gedrehte Kosmetiktücher, die ihr wie eine Spirale um eure Zehen wickelt, erleichtern das Auftragen der Farbe, da sich die Zehen dadurch nicht berühren und den Lack verschmieren können. Bei stark pigmentierten Lacken solltet ihr einen Unterlack verwenden, um zu verhindern, dass sich die Nägel gelb verfärben. Auf den Fußnägeln erlaubt sind alle Farben, so lange sie zu euch, eurem Hautton und eurem Outfit passen (siehe Seite 47).

Nachdem eure lackierten Nägel gut angetrocknet sind, könnt ihr abschließend noch einen Überlack auftragen. Dieser verhindert das schnelle Absplittern des Lacks und eure Nägel bleiben länger schön.

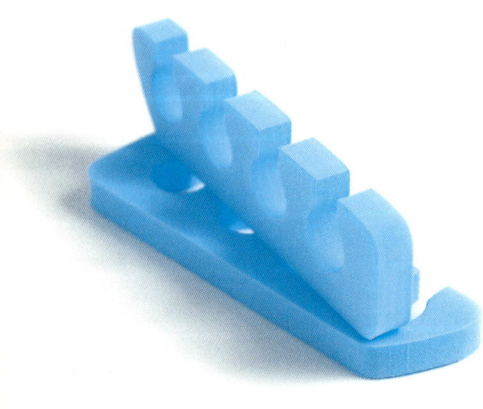

Die Wahl der Farbe

Wie auch bei den Fingernägeln gilt, der Nagellack muss zum Anlass und zum übrigen Styling passen – dezent für Schule und Büro, frecher und auffälliger zum Ausgehen. Und natürlich müssen Füße und Nägel perfekt gepflegt sein.

Sehr hübsch und passend zu jedem Stil sind pastellige Töne. Sind Füße und Nägel top in Form, sorgt oft auch schon Klarlack für den letzten Schliff. Ein sogenannter Whitener, ein bläulich schimmernder Lack, hellt die Nägel optisch auf und verleiht ihnen zusätzlichen Glanz.

Wer schrille Rottöne bevorzugt, sollte allerdings schon ein bisschen vorgebräunt sein, sonst ist der Kontrast von Haut und Lack doch sehr stark. Außerdem müssen gerade knallige Farben sehr exakt auf den Nagel aufgetragen werden, was ein wenig Übung erfordert. Damit sich eure Nägel durch die dunklen Farbpigmente nicht verfärben, solltet ihr einen Unterlack verwenden.

Absolut im Trend ist derzeit die »French Pedicure«. Die pastellfarbenen Nägel mit den schneeweißen Spitzen sind ein echter Hingucker – ob in Sandalen, barfuß im Schwimmbad oder am Strand. Das Auftragen erfordert allerdings eine ruhige Hand und etwas Geduld. Nachdem der Basislack gut getrocknet ist, sorgen selbst klebende Schablonen für einen exakten Rand beim Malen der weißen Spitzen. Anschließend wird der gesamte Nagel mit Klarlack fixiert. Pediküre-Sets zum Selbermachen gibt es von verschiedenen Herstellern in Kosmetikabteilungen und Parfümerien.

Perfektes Styling

Schminken wie ein Profi

Schöne, makellose Haut, ausdrucksstarke Augen und ein sinnlicher Mund – davon träumt wohl jede Frau. Mit der folgenden Anleitung werdet ihr euer eigener Starvisagist. Denn mit dem richtigen Basiswissen könnt ihr euren Stil optimieren. In diesem Kapitel lernt ihr alles über die richtigen Hilfsmittel, die Produkte und vor allem bekommt ihr viele Tipps und Raffinessen an die Hand, mit denen ihr euren individuellen, glamourösen Look kreieren könnt.

Die wichtigsten Utensilien

Das große Geheimnis eines großartigen Make-ups liegt in der sorgfältigen Einarbeitung der Grundierung. Ist die Grundierung nicht richtig eingearbeitet, wirkt das Gesicht oft unnatürlich. Concealer, flüssiges Make-up und Rouge können ihren tollen Effekt nur entfalten, wenn sie eine Verbindung mit der Haut eingegangen sind. Ihr könnt die Produkte zwar auch mit den Fingern einarbeiten, aber einfacher und effektiver geht es mit dem richtigen Pinsel.

Pinsel

Für uns Visagisten ist der Pinsel das wichtigste Handwerkszeug. Bei richtiger Pflege kann euch ein hochwertiger Pinsel ein Leben lang begleiten. Die Investition lohnt sich! Generell eignen sich die extraweichen Naturhaarpinsel besonders gut für das Finish mit Rouge, Puder oder Lidschatten. Mit den etwas härteren Synthetikpinseln, wie zum Beispiel einem Concealer-, Foundation- und Lippenpinsel, kann man flüssige, cremige Texturen perfekt auftragen und einarbeiten.

Den Naturhaarpinsel solltet ihr vor der Erstbenutzung und später etwa einmal im Monat gründlich reinigen. Foundation-, Concealer- und Lippenpinsel müsst ihr nach jedem Einsatz säubern. Dazu haltet ihr den Pinsel in einen kleinen Behälter mit einem speziellen Pinselreiniger und zieht ihn ein paarmal hin und her. Dann streicht ihr ihn auf einem Kosmetiktuch aus, bis keine Farbe mehr abgeht. Streicht nie gegen die Richtung des Pinselhaars, sonst brechen die feinen Härchen ab. Lasst den Pinsel nun einfach am Waschbeckenrand trocknen.

Die folgenden Pinsel solltet ihr zu Hause haben

❖ Concealerpinsel [Abb. 1]

Mit diesem kurzen, weichen Synthetikhaarpinsel lässt sich die hochpigmentierte Deckcreme gut bis in die kleinsten Winkel verteilen.

❖ Foundationpinsel [Abb. 2]

Mit dem Foundation- oder Grundierungspinsel trägt man das flüssige Make-up großflächig auf der Haut auf. Synthetikhaarpinsel eignen sich deshalb am besten für die Foundation, da sie immer nach Gebrauch gereinigt werden müssen.

❖ Lidschattenpinsel [Abb. 3]

Mit der kurzen, schmalen Variante könnt ihr die Farbe aufnehmen und exakt auf dem Lid auftragen; die breite Variante eignet sich vor allem für die Lidschatten-Base und helle Lidschatten, die man auf das ganze Lid bis hin zur Augenbraue aufträgt.

❖ Augenbrauenpinsel [Abb. 4]

Mit ihm trägt man Lidschatten oder Augenbrauenfarbe in kleinen Strichen auf, um den Augenbrauen mehr Ausdruck zu verleihen und kleine Fehler zu kaschieren.

❖ Lippenpinsel [Abb. 5]

Er hat kleine, feste, spitz zulaufende Haare. Mit ihm kann man die Lippenstiftfarbe effektiv und hygienisch auftragen und harmonisch mit dem Lipliner verwischen.

❖ Rougepinsel [Abb. 6]

Mithilfe des breiten, abgerundeten Naturhaarpinsels lassen sich die farbigen Pigmente über der Haut verteilen, ohne hässliche Flecken zu hinterlassen.

❖ Puderpinsel [Abb. 7]

Puderpinsel haben sehr weiche, meist leicht abgeschrägte Naturhaare, die den Puder gleichmäßig über der Haut verteilen, überschüssige Partikelchen wegwischen und ein samtiges Finish hinterlassen.

Schwämmchen

Auch mit einem flexiblen Schwämmchen könnt ihr die Foundation leicht in die Haut einarbeiten und einen perfekten Teint zaubern. Anschließend wascht ihr das Schwämmchen mit einer milden Seife aus und lasst es trocknen. Wenn möglich, solltet ihr für jede Anwendung ein sauberes Schwämmchen verwenden.

Wimpernzange

Gerade Wimpern lassen sich mithilfe einer Wimpernzange aufrichten und bekommen einen schönen Schwung. Verwendet aber ausschließlich Wimpernzangen mit einem weichen Gummipolster, damit eure Wimpern nicht abbrechen. Wärmt die Zange leicht mit dem Föhn an und biegt eure Wimpern damit vorsichtig nach oben. Die Wimpern abkühlen lassen und tuschen.

Wattestäbchen

Mit dem kleinen Zauberstäbchen könnt ihr blitzschnell sowohl kleine Schminkfehler korrigieren als auch Lidschatten und Kajal verwischen, beispielsweise für Smoky Eyes (siehe Seite 93 ff.). Außerdem ist es wunderbar dafür geeignet, überschüssige Farbe von den Lippen abzunehmen.

Pinzette

Eine abgeschrägte Pinzette ist das ideale Werkzeug, um widerspenstige Härchen in Form zu zupfen. Wichtig ist, dass die Pinzette eine abgeflachte Spitze hat. Eine gute Spannung sorgt dafür, dass sie gut schließt und selbst kleinste Härchen fassen kann.

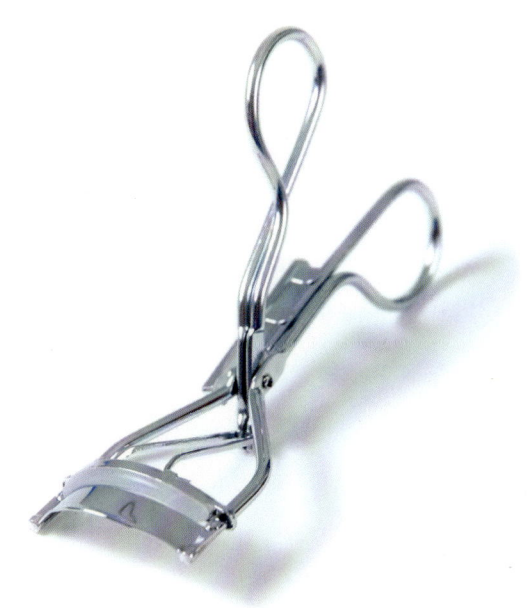

Das große Make-up-Abc

Nur wenn die Haut optimal grundiert ist, kann das Make-up sie perfekt in Szene setzen. Bevor ihr jedoch mit der Grundierung startet, solltet ihr eure Haut zunächst mit der richtigen Pflege auf das Make-up vorbereiten. Tragt eine möglichst fettfreie, feuchtigkeitsspendende Tagescreme mit ausreichendem Lichtschutz auf und lasst sie gut einziehen. Bei Fotoshootings verwende ich als Make-up-Unterlage auch gerne eine Augencreme für das gesamte Gesicht. Mit Concealer, Foundation und Puder zaubert ihr dann einen perfekten Teint.

Die Grundierung

Für mich ist der Concealer eines der wichtigsten Produkte, denn mit ihm kann ich sämtliche Unebenheiten, dunkle Augenränder und Schattierungen ausgleichen und das Gesicht am stärksten verändern. Ein Concealer ist eine stark pigmentierte Abdeckcreme. Aufgrund des hohen Anteils an Farbpigmenten kann man damit Unebenheiten nahezu unsichtbar machen. Die dünnflüssige Textur lässt sich ebenso dünn auftragen und die natürliche Struktur der Haut bleibt wunderbar erhalten.

Boris' Tipp
Im äußeren Augenwinkel zeichnen sich schnell kleine Schatten ab, die uns müde und erschöpft aussehen lassen. Wenn ihr einen Tropfen Concealer auf diese Stelle gebt, »weckt ihr das Auge auf« und öffnet den Blick.

Concealerfarben und -texturen

Concealer gibt es in verschiedenen Hautfarben und einigen Komplementär-farben. Im Allgemeinen schmeichelt ein auf der Farbe Gelb basierender Con-cealer, der sich zu den blauvioletten Schatten am Unterlid komplementär ver-hält, eurer natürlichen Hautpigmentierung am besten. Wichtig ist, dass ihr genau die richtige Farbe für euch selbst herausfindet. Wie das geht? Am besten, ihr probiert es aus: Tragt dazu mehrere Farbnuancen am äußeren Augenwinkel auf und klopft die Creme sanft ein. Entscheidet euch für die Nuance, die mit eurem Teint perfekt übereinstimmt und beim Einarbeiten keine sichtbaren Grenzen hinterlässt. Wer extrem dunkle Augenschatten hat, sollte zunächst einen auf Pink basierenden Corrector auftragen, der die dunklen Stellen unter den Augen aus-gleicht, und anschließend einen hautfarbenen, hellen Concealer.

Grundsätzlich gilt, dass die Farbe des Concealers auf gar keinen Fall dunkler als der eigene Hautton sein sollte. Besser ihr wählt eine Nuance heller. Zu weiße oder rosige Nuancen hingegen lassen die Haut grau erscheinen.

Ebenso wie es unterschiedliche Farben gibt, gibt es auch verschiedene Formen und Konsistenzen. Ein Stift ist sehr hygienisch. Er ist einfach zu dosieren und prak-tisch fürs Nachschminken unterwegs. Ein flüssiger oder ein Mousse-Concealer wird mit den Fingern oder einem Pinsel aufgetragen und kann sich dadurch optimal an jedes kleinste Augenfältchen anpassen. Entscheidend ist, dass ihr mit der Handhabung gut zurechtkommt. Das Ergebnis dieser ersten Grundierung ist dann perfekt, wenn ihr nicht mehr erkennen könnt, dass ihr überhaupt einen Concealer verwendet habt.

Die Technik

Setzt mit dem Concealer kleine Tupfen unter das Auge, verwischt sie miteinander und klopft die Creme leicht mit den Fingerspitzen ein, dadurch verteilt ihr die Grundierung optimal.

Genauso präzise arbeitet ihr mit dem Concealerpinsel: Gebt etwas Farbe darauf und tragt die Creme dünn vom inneren Augenwinkel bis unter die Augenlinie auf. Anschließend von außen nach innen, zur Nase hin, sanft einklopfen. Dabei nicht zu viel Druck ausüben oder reiben, sonst wischt ihr die Farbpartikelchen wieder ab. Ihr solltet den Concealer wirklich nur sanft einklopfen und, wenn nötig, eine weitere Schicht auftragen, bis die gewünschte Deckkraft erreicht ist.

Außer den Augenschatten kann man auch die Schatten an den Nasenflügeln und zwischen den Augenbrauen gut mit einem Concealer kaschieren. Tragt ihr den Concealer um den Mund herum auf, solltet ihr ihn über den Lippenrand bis zur Lippenmitte hin einklopfen, dadurch verschwimmen die Konturen, die Lippen wirken voluminöser und gleichmäßiger, der Lippenstift hält länger.

Mit dem Concealer kann man jedoch nicht nur kleine Schönheitsfehler ausgleichen, sondern auch Gesichtsproportionen modellieren und aufhellen, zum Beispiel, indem man etwas Creme auf den Nasenrücken gibt. Bei einem tollen Hautbild reicht ein Concealer völlig aus, um das Gesicht zu optimieren. In diesem Fall könnt ihr auf ein flüssiges Make-up und Puder verzichten.

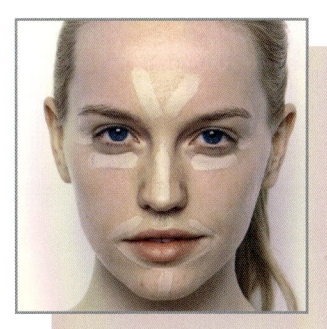

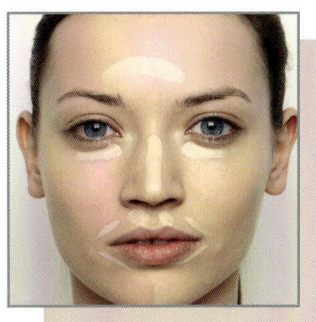

Boris' Tipp
Geschwollene Tränensäcke kann man mit einem Concealer nicht verstecken, im Gegenteil, sie werden durch das Aufhellen erst recht in den Mittelpunkt gerückt. In diesem Fall hilft ein abschwellendes Gel oder ein spezielles Augenpad besser. Danach tragt ihr nur noch einen Hauch hautfarbener Foundation auf. Je weniger Make-up ihr unter den Augen auftragt, desto jünger wirken sie.

Foundation richtig auftragen

Unschön ist, wenn euer Gesicht wie eine unbewegliche Maske aussieht. Ein perfektes Make-up sollte mit dem Teint verschmelzen und nicht aufgemalt wirken. Die wichtigste Voraussetzung dafür ist, dass die Farbe perfekt auf euren Hautton abgestimmt ist. Nehmt euch daher beim Kauf der Foundation Zeit und lasst die Proben einige Minuten auf der Haut einwirken. Der individuelle Säuregehalt der Haut kann den Farbton nachträglich noch etwas verändern. Die besten Stellen für den Make-up-Test sind Kinnkante, äußere Wange oder Dekolleté. Habt ihr die Foundation aufgetragen, solltet ihr euch bei Tageslicht im Spiegel betrachten und danach euren Favoriten bestimmen.

Je nach Bräunungsgrad braucht ihr verschiedene Foundation-Nuancen. Denn schon nach ein paar Stunden in der Sonne verändert sich der Teint und das helle Make-up eignet sich nicht mehr für die nunmehr zart gebräunte Haut. Kontrolliert daher regelmäßig, ob euer aktuelles Make-up tatsächlich eurer aktuellen Hautfarbe entspricht, so vermeidet ihr hässliche Ränder.

Getönte Tagescreme

Bei einer schönen Haut verwende ich nur eine getönte Tagescreme über dem Concealer. Die sanft pigmentierte Tagescreme veredelt die Haut mit einem samtigen, sanften Finish, versorgt sie zudem ausreichend mit Feuchtigkeit und schützt sie vor den schädlichen UV-Strahlen. Mit den Farben kann man getrost experimentieren, da eine getönte Tagescreme immer nur einen Hauch Farbe hinterlässt. Mit einer hochwertigen Creme könnt ihr eurer Haut jeden Tag ein perfektes Aussehen verleihen, sie wirkt frisch und absolut natürlich.

Eine getönte Tagescreme ist das perfekte Make-up für heiße Sommertage und bei sportlichen Aktivitäten. Im Sommer könnt ihr die Creme auch auf die Beine und das Dekolleté auftragen. Zwischen die Brüste gebt ihr einen etwas dunkleren Ton. Diese sanfte Schattierung vergrößert optisch euren Busen und lässt ihn etwas voluminöser erscheinen. Selbst die Wangenknochen könnt ihr ganz ohne Rouge mit einer dunkler getönten Tagescreme betonen und hervorheben. Das sieht unglaublich lässig aus.

Flüssiges Make-up

Flüssige Foundation gibt es in unterschiedlichen Deckungsgraden. Je höher die Deckkraft, desto maskenhafter wird allerdings das Ergebnis. Wenn ihr die Grundierung bereits mit dem Concealer sorgfältig aufgebracht habt, braucht ihr mit der Foundation nichts mehr zu kaschieren. Sie sollte daher das Hautbild nur verfeinern und harmonisieren und wie ein unsichtbarer Film den Look perfektionieren. Verwendet daher lieber ein leichtes Make-up, das eurer Haut Luft zum Atmen lässt.

Mit flüssigem Make-up arbeite ich gerne, wenn ich Akzente setzen möchte oder sehr viel zu vertuschen habe. Bei gestresster Haut oder wenn die Haut fahl und abgespannt aussieht, kann flüssiges Make-up wahre Wunder bewirken. Mit dieser Foundation kann man das Gesicht sehr schön natürlich modellieren, indem man mit dem Spiel von Licht und Schatten arbeitet. Dazu benötigt ihr in der Regel zwei Farbnuancen, eine die eurem Hautton entspricht und eine, die einen Ton dunkler ist, also sozusagen einen Sommer- und einen Winterton. Durch das Spiel mit den beiden Farben bekommt das Gesicht eine wunderschöne Plastizität.

Mousse-Make-up

Für einen traumhaften Look, der den ganzen Tag perfekt aussieht, eignen sich auch die neuartigen Mousse-Make-ups. Gerade für junge Haut ist die leichte, cremige Textur perfekt, da sie eine hohe Deckkraft hat und somit Hautunreinheiten wunderbar kaschiert. Die Mousse, die auch ideal für unterwegs ist, könnt ihr ganz einfach mit den Fingern auftragen, dazu einen Tupfen auf Stirn, Wangen und Kinn geben und mit den Fingerspitzen sorgfältig von innen nach außen verteilen.

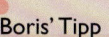

Boris' Tipp
Passt euer Make-up immer dem Anlass an. Bei Tageslicht kann ein flüssiges Make-up schnell starr wirken. Bei romantischem Kerzenlicht hingegen wirkt die Grundierung wie ein Weichzeichner, der die Gesichtskonturen optimiert und die Haut samtig schimmern lässt.

Boris' Tipp
Wer blass ist und frischer aussehen möchte, sollte sich auf keinen Fall mit dunklem Make-up schminken, sondern lieber mit einem punktuell aufgetragenen Bronzepuder einen Hauch Sonne auf die perfekt grundierte Haut zaubern.

Kompakt-Make-up

Cremig-festes Make-up hat meist einen sehr hohen Anteil an Farbpigmenten und eignet sich hervorragend zum Mattieren und Abdecken. Da es jedoch im Gegensatz zu flüssigem Make-up nur wenige Pflegestoffe enthält, ist es für trockene Haut nicht so gut geeignet. Kompaktpuder tragt ihr mit einem Pinsel oder einem angefeuchteten Schwämmchen auf.

Auch hier arbeite ich mit zwei Nuancen. Der hellere Puder gebe ich zuerst unter die Augen und verteile es dann von innen nach außen über das Gesicht. Mit einer dunkleren Nuance bearbeite ich Nasenrücken und Wangen. Dazu setze ich das Kompaktpuder unter den höchsten Punkt der Wange und arbeite von außen nach innen und von unten nach oben. Auf diese Weise kann ich das Gesicht bereits mit dem Puder modellieren und den Wangenknochen die richtige Höhe geben. Anschließend reibe ich meine Hände aneinander und lege sie auf das Gesicht, damit sich die feinen Puderpartikelchen mit der Grundierung verbinden.

Modellieren und konturieren

Gebt eine Portion des helleren Make-ups auf euren Handrücken und nehmt davon eine kleine Menge mit dem Synthetikhaarpinsel oder Schwämmchen auf. Nun führt ihr Pinsel oder Schwämmchen vom Nasenflügel aus unter das Auge und dann bis zum Kinn hinunter. Dann cremt ihr das Gesicht praktisch in Form eines großen V vom Kinn bis zur Stirn ein. Vergesst dabei die Ohren nicht! Das Make-up unbedingt über die Kinnkante hinaus verteilen und über den gesamten Hals bis zum Dekolleté ausfließen lassen.

Danach akzentuiert ihr in einem etwas dunkleren Make-up-Ton Nasenrücken, Wangenknochen und Schläfen. Für einen perfekt natürlichen Look ist die Einarbeitung der Foundation besonders wichtig, sie muss sich mit der Haut verbinden, nur so wirkt sie natürlich und hält lange. Massiert dazu die Foundation mit dem Pinsel oder Schwämmchen mit leichtem Druck und in kleinen, kreisenden Bewegungen in die Haut ein.

Boris' Tipp
Nicht erschrecken, Kompaktpuder wirkt meist unmittelbar nach dem Auftragen sehr pudrig. Nach etwa einer halben Stunde schimmert die Haut aber wunderbar samtig. Daher solltet ihr rechtzeitig mit dem Schminken beginnen, damit der Puder noch vor dem Date genug Zeit hat, sich in ein fabelhaftes Finish zu verwandeln.

Die passende Technik

❖ Schmales Gesicht [Abb. 1]

Bei einem schmalen Gesicht mit zwei Nuancen Make-up arbeiten, die jeweils einen Ton heller beziehungsweise dunkler als die eigene Hautfarbe sind. Den helleren Ton auf Stirn, Schläfen, Nasenrücken, Kinn und unterhalb der Wangenknochen auftragen und über das Kinn ausfließen lassen. Dann mit dem dunkleren Ton an der Nasenseite ansetzen und von innen nach außen verstreichen, sodass er sich mit dem helleren Ton in Höhe der Wangenknochen verbindet. Das Gesicht ist dadurch innen etwas dunkler als außen. Achtet darauf, dass die Übergänge immer perfekt ineinanderfließen.

❖ Breites Gesicht [Abb. 2]

Bei dieser Gesichtsform arbeitet man ebenfalls mit zwei Nuancen und im Prinzip umgekehrt wie bei einem schmalen Gesicht. Das heißt, innen heller und nach außen hin dunkler werden. Den helleren Ton auf der Stirnmitte, auf den Nasenrücken, das Kinn und oberhalb der Wangenknochen auftragen, den dunkleren Ton auf den Schläfen und zwischen Wangen und Kieferknochen verteilen und gut miteinander verbinden.

❖ Längliches Gesicht [Abb. 3]

Dieses Gesicht verliert seine optisch ungünstige Proportion, wenn es in Blöcke unterteilt wird. Gebt auf die Stirn dabei dunkleres, auf die Gesichtsmitte helleres und auf das Kinn sowie unter die Kinnkante wieder dunkleres Make-up. Gerade Augenbrauen und Ponyfransen lassen das Gesicht zusätzlich kürzer erscheinen.

❖ Breite oder zu schmale Nase [Abb. 4]

Auf den Nasenrücken einen hellen Concealer oder ein helles Make-up setzen und die Nasenflügel mit einer dunkleren Foundation abdecken. Das Make-up an der Nase entlang bis zu den Augenbrauen und nach unten bis zu den Nasenlöchern auslaufen lassen. Die Übergänge gut ausblenden. Eine breite Nase wirkt dadurch schmäler. Ist die Nase hingegen zu schmal, gebt ihr dunkles Make-up auf den Nasenrücken und helles an die Seiten. Allgemein gilt die Regel, dass dunkle Make-up-Töne optisch verkleinern und helle Töne optisch vergrößern.

Die Qual der Wahl: Puder

Puder verwendet man, um flüssiges Make-up zu fixieren und glänzende Partien zu mattieren. Für die Fixierung der Grundierung eignet sich transparenter Puder am besten, bei dunkler oder fettiger Haut kann man einen leicht hautfarbenen Puder als Finish verwenden. Auch Lidschatten und Rouge lassen sich mit den losen Partikelchen binden und fixieren. Das Ergebnis: ein perfekter Look!

Loser Puder

Puder mit einem weichen Naturhaarpinsel locker aufnehmen, leicht abschütteln und sanft über das Gesicht stäuben. Unter den Augen möglichst wenig davon auftragen. Überschüssigen Puder könnt ihr mit einem weichen Pinsel entfernen. Dann die Hände aneinanderreiben und mit den erwärmten Handflächen die Puderpartikelchen mit der Grundierung verschmelzen lassen.

Boris' Tipp
Mit hellem Puder kann man auch interessante Highlights setzen und Partien aufhellen. Trockene Haut solltet ihr nur immer punktuell abpudern oder aber einen speziellen Puder für trockene Haut verwenden.

Mineralpuder

Neu auf dem Markt sind sogenannte Mineralpuder, die man wie ein Kompakt-Make-up verwenden kann, da sie die intensive Deckkraft eines Make-ups besitzen, gleichzeitig aber eine sehr leichte Konsistenz aufweisen und auch von empfindlicher Haut gut vertragen werden. Der Puder wird anstelle des Make-ups mit einem weichen Pinsel aufgetragen und sorgfältig in kreisenden Bewegungen in die Haut eingearbeitet. Überschüssige Puderpartikelchen kann man mit einem weichen Pinsel »abstauben«. Das Ganze ebenfalls zum Schluss mit den angewärmten Handflächen fixieren.

Gepresster Puder

Mit gepresstem Puder kann man sein Gesicht vor allem unterwegs perfekt mattieren, ohne eine weitere Schicht Make-up auftragen zu müssen. Er eignet sich zum Fixieren des gesamten Make-ups. Gerade im Sommer ist er ideal, da man damit die glänzenden Stellen mit einem Wisch mattieren kann.

Lidschatten für unterschiedliche Looks

Bevor ihr mit dem Augen-Make-up beginnt, solltet ihr eure Augenbrauen mit einem kleinen Bürstchen ausbürsten. Dann benetzt ihr einen Pinsel mit dunklem Lidschatten oder mittelbrauner Augenbrauenfarbe und verdichtet die Brauen mit leichten, fedrigen, auswärts gerichteten Strichen. Haarspray auf das Bürstchen sprühen und durch die Brauen ziehen, das fixiert die Farbe und gibt Halt. Wie ihr perfekt gestylte Augenbrauen bekommt, habe ich euch bereits auf den Seiten 28 bis 31 erzählt.

Die Augen sind für mich der Ausdruck der Seele und genau das versuche ich immer herauszuarbeiten. Mit den zahlreichen Farbvarianten könnt ihr ganz nach Belieben experimentieren und spielen, jede Farbe, die zu euch passt, ist erlaubt. Lasst euch dabei von den aktuellen Trends inspirieren und probiert immer mal wieder etwas Neues aus. Meine derzeitigen Lieblingsfarben sind alle natürlichen braungrauen Nude-, Stonewashed- und Erdtöne bis hin zu einem matten Elfenbeinton. Helle Farben wie Elfenbein wirken lebendig und vergrößern das Auge optisch. Dunkle Töne wie Anthrazit eignen sich hervorragend als Lidstrich. Smoky Eyes lassen sich am besten mit sehr dunklen, changierenden Schwarz- bis Lilatönen kreieren. Glänzende Lidschatten hingegen erzeugen interessante Highlights. Leuchtende Farben verwende ich nur punktuell, wenn ich einen besonderen Effekt erzielen möchte.

Modellieren und konturieren

Am liebsten arbeite ich mit einem kleinen Pinsel oder einem Schwämmchenapplikator. Mit dem Pinsel nehmt ihr die Farbe auf und klopft sie kurz ab, damit anschließend keine Farbpigmente auf die Foundation fallen. Tragt den Lidschatten auf die bereits getrocknete Grundierung auf und arbeitet immer mit zwei Farbnuancen, das wirkt plastischer. Je nachdem, wie dominant ihr die Farben verwendet, eignen sich die Looks für den Alltag oder für den großen Auftritt.

Hier verrate ich euch ein paar Farbtricks, durch die eure Augen zum absoluten Blickfang werden.

✦ Schlupflider
Den Bereich zwischen Wimpernkranz und Lidfalte mit einem hellen Lidschatten betonen, da die helle Farbe das Schlupflid optisch hervorhebt. Einen echten »Lifting-Effekt« ganz ohne Skalpell kann man mit einer sogenannten Banane erzielen. Für die »Banane« das Lid bis zur Braue grundieren, mit einem dunklen Lidschatten einen Strich entlang der Lidfalte ziehen und leicht zur Augenbraue hin aussoften lassen. Durch diesen Effekt wirkt das Auge größer. Für den dramatischen Abend-Look füllt ihr das bewegliche Lid dunkelbraun oder schwarz aus. Dafür eignet sich Lidschatten genauso gut wie ein Kajalstift, den ihr mit einem Wattestäbchen verwischen könnt. Wenn ihr den Lidstrich mit flüssigem Eyeliner zieht, solltet ihr die Farbe gut trocknen lassen, bevor ihr die Augen wieder öffnet, sonst könnten die Schlupflider den Strich verwischen.

✦ Tief liegende Augen
Tief in den Augenhöhlen liegende Augen kann man am besten mit hellen Farben »befreien«. Hellt mit einem Concealer zunächst einmal die Mitte des Oberlids und die Innenseite des Augenwinkels auf. Verwendet keine dunklen Töne, sondern nur helle Farben, die das Auge optisch vergrößern! Den Fokus legt ihr auf die Wimpern, die ihr zuerst mit der Wimpernzange in Form bringt und dann mit viel Mascara betont. Mit einem hellen Kajalstrich auf dem unteren Augenlid könnt ihr den Blick zusätzlich öffnen.

❖ Kleine Augen

Mit hellen Farben könnt ihr auch kleine Augen optisch vergrößern. Dafür das Oberlid mit Hilfe der »Bananentechnik«, wie ihr sie auch bei den Schlupflidern anwendet, betonen und die Farbe sanft ausblenden lassen. Das bewegliche Lid nur am äußeren Augenwinkel mit Farbe akzentuieren. Auf dem Innenrand zieht ihr mit einem hellen Kajalstift eine feine Linie. Anschließend die Wimpern gründlich tuschen und zwar unbedingt von außen nach innen, damit sie sich gerade ausrichten und die Augen vergrößern. Direkt unter die Augenbrauen setzt ihr einen Highlighter, der die Augen zum Strahlen bringt.

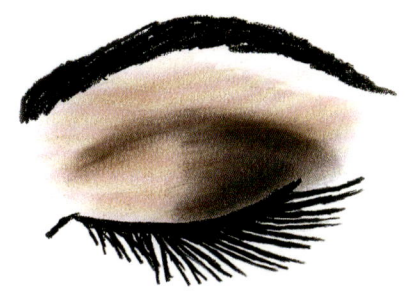

❖ Eng zusammenstehende Augen

Hier wird der Fokus nach außen gelegt. Den Lidschatten tragt ihr also immer nur außen auf. Je näher ihr an die Nasenwurzel kommt, desto weniger Farbe verwendet ihr. Die Konturen verblendet ihr möglichst schon in der Mitte des Augenlids. Am inneren Augenwinkel verwendet ihr zusätzlich einen Higlighter, zum Beispiel in einem schimmernden Champagnerton. Am Innenrand des Unterlids zieht ihr mit einem hellen Kajalstift in einem Elfenbein- oder Roséton bis zur Mitte eine feine Linie. Mit einem dunklen Kajal vollendet ihr die Linie bis in den äußeren Augenwinkel. Die Übergänge softet ihr sanft mit einem Wattestäbchen aus. Die Wimpern tuscht ihr dieses Mal – ausnahmsweise – von innen nach außen, und zwar innen zart und außen kräftig.

❖ Weit auseinanderstehende Augen

Diesen Frauen steht der aktuelle Smoky-Eyes-Look besonders gut. Für das Tages-Make-up arbeitet ihr mit zarten Cappuccino- oder Stonewashed-Farben. Lasst den Lidschatten dabei nicht ganz so weit auslaufen, sondern softet ihn über dem äußeren Augenwinkel aus, dadurch wirkt das Auge etwas rundlicher. Den inneren Augenwinkel betont ihr mit viel Farbe und tragt dann einen dunklen Kajal auf dem inneren Unterlid auf. Nun tuscht ihr die oberen und unteren Wimpern, und vor allem die inneren feinen Härchen, von außen nach innen besonders sorgfältig und kräftig.

Der perfekte Lidstrich

Für einen exakt gezogenen Lidstrich benutze ich flüssigen Eyeliner oder einen Kajalstift. Lidstriche stehen jedem, der seine Augen gerne betonen möchte. Je dunkler die Farbwahl, desto intensiver ist das Ergebnis. Der Unterschied von Kajal und flüssigem Eyeliner ist schnell und einfach beschrieben: Der Kajal hat eine weiche Konsistenz. Mit ihm kann man softe, dickere und leicht verwischbare Linien am unteren und oberen Wimpernkranz zeichnen. Der Eyeliner verleiht einen eleganten, besonders femininen Look, ist aber eher etwas für geübte Hände, da er eine sehr feine, dünne Linie zeichnet und keine Fehler vergibt. Zudem darf man einen Eyeliner nur am oberen Lid verwenden, da er sonst das Auge regelrecht »hinunterzieht«. Ein Kajal kann vor oder nach dem Lidschatten aufgetragen werden. Wenn ihr ihn danach auftragt, ist er exakter und besser sichtbar, zieht ihr ihn vor dem Auftragen des Lidschattens, erscheint er weicher und harmonischer. Flüssigen Eyeliner solltet ihr immer nach dem Lidschatten auftragen.

Die Technik

Damit ihr möglichst lange etwas von Eyeliner und Kajal habt, solltet ihr vor dem Schminken überschüssiges Augenfett mit einem Kosmetiktuch abtupfen. Anschließend wird das Auge mit etwas Make-up oder Lidschatten-Base leicht grundiert und abgepudert.

Danach werden Kajal und Eyeliner aufgetragen, wobei es euch selbst überlassen bleibt, ob ihr den Kajal vor oder nach dem Lidschatten auftragt. Damit der Lidstrich exakt gelingt, ist es hilfreich, wenn ihr mit einem Finger einen festen Halt auf dem Wangenknochen sucht und den Ellenbogen beim Zeichnen aufsetzt, damit die Hand den Stift ruhig und gleichmäßig führen kann. Setzt den Stift so weit wie möglich am inneren Augenwinkel und dicht am Lidrand an und zieht den Lidstrich zu zwei Dritteln im Bogen und im letzten Drittel in einer geraden Linie ein wenig über den Augenwinkel hinaus. Leichter geht es, wenn ihr die Lidhaut im Augenwinkel leicht nach oben zieht und dann die gerade Linie zieht. Um den Übergang weich zu gestalten, könnt ihr den Lidstrich mit Lidschatten nachziehen und leicht verwischen. Am einfachsten geht es, wenn ihr den Lidstrich in zwei Zügen malt. Der erste Zug geht vom inneren Augenwinkel zur Mitte, der zweite von außen nach innen. Den Übergang in der Mitte sauber verwischen.

Ein Lidstrich muss absolut perfekt sitzen. Wenn er schief ausfällt, kann er die Symmetrie des gesamten Gesichts stören. Verwendet ihr flüssigen Eyeliner, ist es besser, den Lidstrich erst an einem Auge zu ziehen und dann das Auge für ein paar Sekunden zu schließen, damit der Eyeliner gut trocknen kann. Verwischt die Linie dennoch, könnt ihr den Fehler mit einem angefeuchteten Wattestäbchen einfach entfernen.

Mit einem langen oder kurzen, schrägen oder geraden Lidstrich könnt ihr die Form eurer Augen optimieren.

❖ Mandelförmige Augen
Der gezeichnete Bogen darf zum Lidende hin dicker und geschwungener ausfallen, um den Schwung der Augen zu betonen.

❖ Runde Augen
Man kann die Augen »verlängern«, indem der Strich über das innere und äußere Lidende hinaus gezogen wird.

❖ Schlupflider
Hier solltet ihr versuchen, den Bogen des Wimpernkranzes sehr fein nachzuzeichnen und den Lidstrich gut trocknen zu lassen, bevor ihr die Augen wieder öffnet, damit die Schlupflider den Strich nicht verwischen.

Boris' Tipp
Mit schwarzem, braunem oder grauem Kajal rücke ich die Augen in den Mittelpunkt. Für einen verruchten Look oder Smoky Eyes verteile ich die Farbe zwischen den einzelnen Wimpern und darüber. Dann verwische ich den weichen Farbabrieb mit dem Finger, sodass er sanft ausläuft. Bei den unteren Wimpern verfahre ich genauso.

Mascara für glanzvolle Auftritte

Mit Wimperntusche, die es für jeden Typ, in verschiedenen Texturen, Farben und mit unterschiedlichen Bürstchen gibt, rundet ihr das Gesamtbild ab. Für den Nude-Look (siehe ab Seite 90) könnt ihr braune Wimperntusche verwenden, ansonsten ist Schwarz nach wie vor die genialste Farbe, um eure Augen dramatisch in den Mittelpunkt zu rücken.

Die Technik

Bevor ihr die Wimpern tuscht, solltet ihr eine Wimpernzange verwenden. Sie verleiht den Augen einen umwerfenden Wimpernaufschlag mit XXL-Wimpern. Die Zange kurz mit dem Föhn anwärmen, an den Wimpernkranz anlegen und sanft zudrücken. Bis zehn zählen, Zange öffnen und die Wimpern sofort tuschen. Dadurch bekommen die einzelnen Härchen einen feinen Schwung und lassen die Augen größer erscheinen.

Das Mascarabürstchen solltet ihr immer nah am Wimpernansatz ansetzen und mit leicht ruckenden Bewegungen bis zur Spitze durchziehen und das Tuschen eventuell noch mal wiederholen. Die Wimpern bekommen dadurch von allen Seiten Farbpartikelchen und wirken sehr dicht. Vor dem Tuschen könnt ihr das Mascaraköpfchen leicht über die Kante der Flasche biegen, sodass es im Winkel absteht. Dadurch lassen sich die Wimpern richtig gut von unten nach oben tuschen, ohne den Arm zu stark abwinkeln zu müssen.

Wenn ihr von außen nach innen tuscht, vergrößert ihr die Augen und lasst sie strahlen. Tuscht ihr von innen nach außen, verstärkt ihr den Katzenblick, was besonders gut für Smoky Eyes und auch für mandelförmige Augen geeignet ist, die zuvor mit einem kräftigen Lidstrich betont wurden.

Diva-Look mit künstlichen Wimpern

Aufgeklebte Wimpern haben eine unglaublich tolle Wirkung, doch leider sind sie nicht ganz so einfach zu »montieren«. Mit der folgenden Step-by-step-Anleitung gelingt euch dieses Kunstwerk mit etwas Übung ganz bestimmt.

Boris' Tipp

Für einen traumhaften Wimpernaufschlag müsst ihr jede einzelne Wimper erwischen. Legt einen Teelöffel direkt an den Wimpern am Oberlid an und zieht das Lid leicht nach oben. Dann tuscht ihr die Härchen kräftig über den Löffelrücken hinweg.

Außer einer Wimpernzange und einer Pinzette braucht ihr ein Paar falsche Wimpern und den passenden Kleber. Ein fertiger Wimpernkranz lässt sich dabei leichter befestigen als einzelne Büschel.

✤ Bevor ihr mit dem Kleben beginnt, bringt ihr die Wimpern erst mal mit der Wimpernzange in eine schwungvolle, leicht nach oben gebogene Form. Nach dem Kleben würdet ihr die Wimpern mit der Zange wieder abreißen.

✤ Mit Hilfe der Pinzette nehmt ihr die künstlichen Wimpern vorsichtig an der fülligeren Seite aus der Verpackung, tragt auf ihre Unterseite den Spezialkleber dünn auf und lasst ihn kurz antrocknen.

✤ Bringt die künstlichen Wimpern nun möglichst nah am natürlichen Wimpern-rand an. Wenn sie nicht optimal sitzen, zieht ihr sie wieder ab und versucht es erneut. Der äußere, voluminösere Rand der falschen Wimpern darf, ja soll sogar ein wenig über den natürlichen Wimpernrand hinausstehen. Sobald die künst-lichen Wimpern perfekt sitzen, drückt ihr sie vorsichtig mit der Rückseite eines feinen Pinsels an ihren Platz und lasst den Kleber trocknen.

✤ Das gesamte Auge mit einer Lidschatten-Base oder einem Puderlidschatten grundieren und oberhalb des Wimpernkranzes mit einem glänzenden, hellen Lidschatten einen soften Schatten setzen. Dann mit flüssigem schwarzem Eyeli-ner einen dicken Lidstrich entlang des natürlichen Wimpernkranzes ziehen und mit einer leichten Aufwärtsbewegung schwungvoll am äußeren Augenwinkel auslaufen lassen.

✤ Gut trocknen lassen und die Wimpern mit einem schwarzen Volumen-Mas-cara in kleinen Zickzackbewegungen vom Wimpernansatz bis zur Spitze hin tuschen. Versucht dabei, die künstlichen und natürlichen Härchen mithilfe des Mascarabürstchens ineinander zu bürsten. Um »Fliegenbeine« zu vermeiden, kämmt ihr die Wimpern mit einem metallenen Wimpernkamm aus.

✤ Beim Abschminken zieht ihr die falschen Wimpern einfach wieder ab, reinigt sie vorsichtig mit Alkohol und lasst sie trocknen. So könnt ihr die Wimpern mehrfach verwenden.

Rouge – ja oder nein?

Mit Rouge kann man dem Gesicht einen frischen Touch verleihen und die Gesichtszüge geschickt modellieren. Falsch aufgetragenes Rouge hingegen kann die Symmetrie des Gesichts stören und künstlich aussehen. Deshalb solltet ihr mit Rouge äußerst dezent arbeiten und das Gesicht hauptsächlich mit verschiedenen Make-up-Nuancen bearbeiten.

Modellieren und konturieren

Der aktuelle Modetrend geht auch beim Rouge verstärkt zu natürlichen Haut- und Erdtönen bis hin zu einem glänzenden Bronzeton. Mit Bronzerouge kann man winterblassen Gesichtern ganz schnell eine zarte Bräune verleihen, ohne dass es auffällt. Dazu einfach etwas Bronzerouge mit dem großen Puderpinsel aufnehmen, abklopfen, den Pinsel leicht unterhalb des Wangenknochens ansetzen und von dort bis zu der Schläfe hoch und zum Kinn hinunter verwischen.

Ich bin überhaupt kein Verfechter von sogenannten Apfelbäckchen, da sie die Nasolabialfalte meist unvorteilhaft betonen. Rouge verwende ich daher nur äußerst dezent, setze es in der Regel unterhalb des Wangenknochens auf und verwische es dann gründlich. Das Ergebnis ist ein fein konturiertes Gesicht ohne Farbkleckse. Abschließend fixiere ich das Ganze mit transparentem Puder.

Mit einem Hauch Rouge an der richtigen Stelle wirkt euer Gesicht mal voller, mal schmaler, aber immer frisch und erholt.

❖ Schmales Gesicht

Einem länglichen Gesicht kann man mit einem zarten Roséton einen frischen Hauch verleihen. Dazu ein pfirsich-, rosenholz- oder korallenfarbenes Rouge mit einem weichen Rougepinsel aufnehmen, abklopfen und sanft unter den höchsten Wangenknochenpunkt setzen. Von dort aus zur Schläfe hoch, zur Gesichtsmitte hin und zum Kinn hinunterlaufen lassen. Das Rouge gut mit der Grundierung verbinden, sodass nur eine Spur von Farbpartikelchen zurückbleibt. Zu viel Rouge streift ihr mit einem Wattepad und etwas Druck vorsichtig nach außen weg oder wischt es mit einem Puderpinsel ab. Wenn danach immer noch zu viel Rouge auf eurem Gesicht ist, könnt ihr es mit etwas Kompaktpuder abdecken.

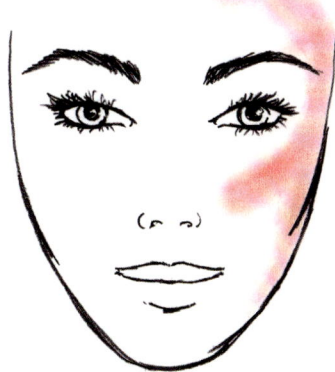

❖ Breites Gesicht

Ein flächiges Gesicht wirkt mit einem Hauch Rouge und einem seitlichen »Schatten« zierlicher. Dazu setzt ihr Rouge in einem sanften Erdton unter dem Wangenknochen auf. Von dort aus wischt ihr es hoch zur Schläfe über die Stirn bis in den Haaransatz aus und streicht es wieder bis zur Kieferkante zurück.

Boris' Tipp
Damit sich die Farben von Rouge und Lippenstift nicht »beißen«, solltet ihr erst einmal die Lippen schminken. Das hat den Vorteil, dass ihr das Rouge schöner nuancieren und die Wirkung besser abschätzen könnt.

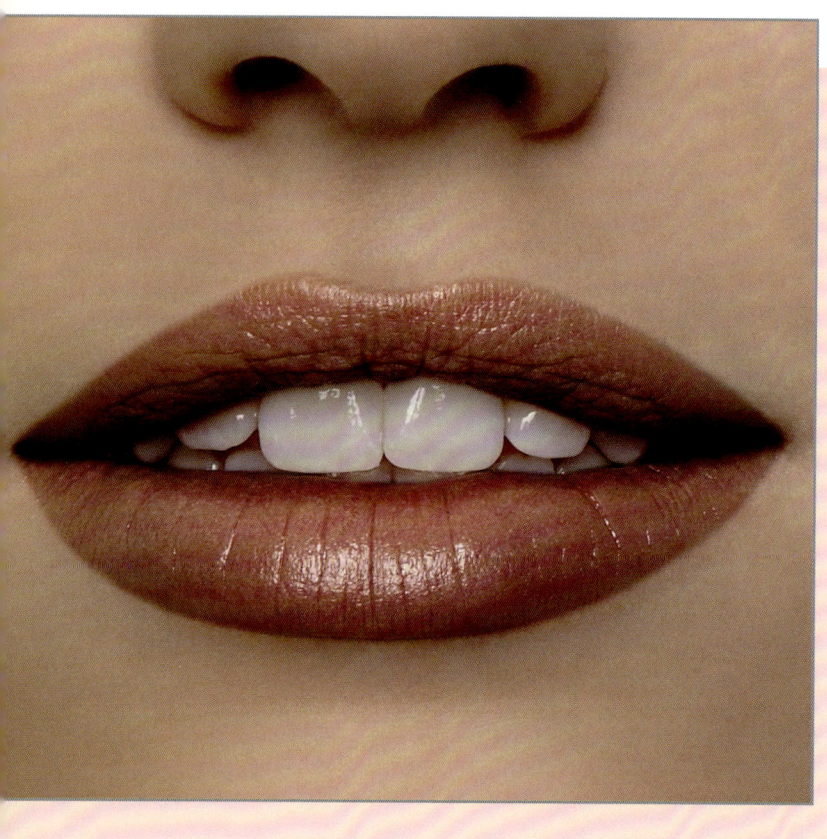

Farbe für deine Lippen

Die Farbe des Lippenstifts kann ganz nach eurer Stimmung und nach Anlass wechseln, sollte aber zum Lidschatten passen. Bei der Farbwahl könnt ihr euch daher von eurer experimentierfreudigsten Seite zeigen. Die Lippenstiftfarbe schmeichelt der Haut am besten, wenn sie etwa ein bis zwei Nuancen dunkler als die natürliche Lippenfarbe ist. Eine Regel solltet ihr allerdings immer beachten: Betont entweder nur die Augen oder nur den Mund, niemals beides! Wenn ihr beides zu stark akzentuiert, entstehen Spannungen im Gesicht und das Gesicht wirkt disharmonisch.

Die sensible Lippenhaut braucht vor allem Pflege. Aufgeplatzte, raue Lippen sehen einfach unschön aus und lassen sich kaum verbergen. An erster Stelle steht also die Pflege, denn die empfindliche Region der Lippen und um den Mund herum ist genauso empfindlich wie die filigrane Augenpartie.

Die Lippen enthalten kaum Fettgewebe und Talgdrüsen und sind nur wenig pigmentiert. Aus diesem Grund kann sich das Lippengewebe weder selbst pflegen noch vor Sonne schützen. Ein Pflegebalsam, der die empfindliche Haut mit Feuchtigkeit und Fett versorgt, ist daher ebenso wichtig wie ein permanenter Sonnenschutz. Achtet daher immer darauf, mit dem Pflegebalsam auch einen Sonnenschutz aufzutragen. Viele Lippenstifte haben bereits durch ihre hohe Farbpartikeldichte einen integrierten Sonnenschutz und auch einige Glosse verfügen über einen chemischen Sonnenschirm, der die Lippen vor den schädlichen UV-Strahlen bewahrt.

Boris' Tipp

Für samtweiche Lippen sorgt ein zartes Peeling. Ihr könnt eure Lippen beispielsweise vorsichtig mit der Zahnbürste abbürsten. Danach verwöhnt ihr sie mit einer speziellen Lippenpflege. Besonders intensiv wirkt eine Honigmaske. Tupft mit dem Finger etwas Honig auf die Lippen und verteilt ihn wie ein Lipgloss. Der Honig hält lange, wenn ihr ihn nicht vorher ableckt. Die wertvollen Inhaltsstoffe helfen der zarten Haut bei der Regeneration. Das Ergebnis sind samtig-weiche Lippen, die jedermann gerne küssen möchte.

Modellieren und konturieren

Zur Vorbereitung der Lippen etwas pflegenden Balsam auftragen und die überschüssigen Reste mit einem Tuch abtupfen. Nun Concealer oder Lippen-Base
daraufgeben und gründlich einarbeiten. Am schönsten wird der Lippenbogen,
wenn ihr mit dem Lipliner erst das »Lippenherz« zu beiden Seiten hin weich
nachzeichnet, dann eine Linie von außen nach innen zieht und die beiden Linien
miteinander verbindet. Den Lippenstift aufmalen und die Farbe mit den Fingern
leicht nach innen verstreichen. Eventuell müsst ihr die Farbe in der Mitte der
Unterlippe ein zweites Mal auftragen. Dann gebt ihr etwas Lipgloss darüber und
klopft es leicht ein.

Welche Lippenstiftfarbe passt zu welchem Teint?

Heller Teint:	Cappuccino, Zartrosa, helle Koralle
Mittlerer Teint:	sanfte Rosétöne, Mauve, Beere
Dunkler Teint:	Aubergine, Schokolade, Purpurrot

Boris' Tipp
Wählt den Lipliner immer in der eigenen Lippenfarbe, zum Beispiel in Rosenholz, um die
Lippenform unauffällig zu perfektionieren. Der Konturenstift sollte nie dunkler als die Lippenstiftfarbe sein, sonst wirken die Lippen wie eine einzige große Fläche. Bei glossigen Farben
könnt ihr eine etwas dunklere Nuance wählen. Einen leicht vorgebräunten Teint kann man mit
warmen Brauntönen mit Glitzerpartikeln wunderbar in Szene setzen.

Mit Lipliner, schimmerndem Gloss und leuchtendem Lippenstift verwandelt ihr mit der richtigen Technik jede Lippenform in einen verführerischen Kussmund.

❖ Schmale Lippen

Hier ist es besonders wichtig, den Konturenstift exakt aufzutragen. Die Lippen vorher sorgfältig grundieren und abdecken. Mit einem spitzen, roséfarbenen Stift entlang der äußeren Lippenkontur eine feine Linie auftragen. Achtet dabei vor allem auf die Herzwölbung und die Mitte der Unterlippe. Betont man diese beiden Stellen zusätzlich, erzielt man einen schönen plastischen Effekt. Die ideale Lippenfarbe für schmale Lippen ist ein heller, warmer Rotton. Finger weg von dunklen, dramatischen Farben wie Bordeaux, Lila oder Purpur, sie verkleinern die Lippen optisch! Ihr erinnert euch doch sicher noch an den Satz »Schwarz macht schlank, hell trägt auf«. Dieser Satz gilt auch bei der Lippenstiftfarbe. Lipgloss auf die Mitte geben und nach außen hin eintupfen. Schon habt ihr bezaubernde, voluminöse Lippen, mit denen ihr bestimmt nicht nur Frösche küssen dürft.

❖ Volle Lippen

Volle Lippen sind sehr sinnlich, man sollte aber auch hier mit der Farbgebung vorsichtig sein, sonst wirkt das Make-up alles andere als ladylike. Matte, dunkle Rottöne jeder Nuance sehen bei vollen Lippen attraktiv aus. Ihr müsst den Lippen davor jedoch unbedingt Konturen geben. Tragt den Lipliner dazu exakt auf den Lippenkonturen oder auch leicht unterhalb der natürlichen Lippenlinie in einer feinen Linie auf. Den Lippenstift gebt ihr nicht direkt auf die Lippen, sondern verteilt ihn mit einem kleinen Pinselchen, dadurch könnt ihr die Farbe gleichmäßiger auftragen. Den Pinsel in der Mitte von Ober- und Unterlippe aufsetzen und mit kleinen Pinselstrichen von dort aus nach außen streichen. Dadurch verteilt ihr die Farbe perfekt und es bleibt nicht so viel Farbe am Lippenrand hängen wie beim direkten Auftragen mit dem Stift. Anschließend tupft ihr die Lippen mit einem Kosmetiktuch ab, um überschüssige Farbe zu entfernen. Bei Glossen müsst ihr vorsichtig sein, sie vergrößern die Lippen optisch. Dieser Effekt ist bei vollen Lippen nicht unbedingt von Vorteil.

Was du niemals tun solltest

Make-up-Ränder, falsch aufgetragenes Rouge oder ein zu dunkler Lippenstift – Schminksünden gibt es viele. Auf den folgenden Seiten gebe ich euch einen kleinen Überblick darüber, was ihr besser vermeiden solltet.

Zu viel Rouge

Mit künstlicher Wangenröte kann man das Gesicht herrlich modellieren, betonen, kaschieren, verbreitern oder verschmälern. Dieser Trick funktioniert allerdings auch anders herum. Durch falsches Platzieren können Makel betont werden. Wichtig ist also, dass ihr das Rouge immer sparsam dosiert, sonst wirkt euer Gesicht aufgeregt und abgehetzt, aber nicht frisch und erholt.

Lippenstiftreste beseitigen

Damit der Lippenstift lange auf den Lippen und nicht am Glas oder an den Zähnen haftet, solltet ihr ihn fixieren. Dazu gebt ihr erst eine Lippenstift-Base auf die Lippen und pudert sie ab. Dann tragt ihr die Farbe mit einem Pinsel auf und presst die Lippen anschließend fest auf ein Kosmetiktuch. Ein weiteres Mal Farbe auftragen und mit einem Wattestäbchen vorsichtig einmal über die Lippen rollen, um so die überschüssige Farbe aufzunehmen. Die neuen Zweiphasenstifte versiegeln die Farbe zusätzlich und erhöhen damit den Halt.

Lidschatten in der Lidfalte

Gerade bei cremigen Lidschatten kann es im Laufe der Zeit passieren, dass die Farbpartikelchen auf Wanderschaft gehen und sich in der Lidfalte treffen. Das könnt ihr dadurch verhindern, dass ihr vor dem Auftragen des Lidschattens das Lid gründlich vom Fett befreit, indem ihr es mit einem Kosmetiktuch abtupft, dann grundiert und leicht pudert.

Make-up-Ränder

Die Wahl der richtigen Make-up-Farbe gehört zu den Beautybasics. Die richtige Farbe erkennt ihr daran, dass sie einzieht, ohne einen Schminkrand zu hinterlassen. Arbeitet das Make-up immer sehr gründlich ein und vergesst nicht, die Ohren mit einzubeziehen, vor allem dann, wenn ihr kurzes Haar habt oder die Haare hochsteckt. Streicht das Make-up mit Pinsel oder Schwämmchen möglichst über die Kinnkante hinaus bis zum Dekolleté hinab und blendet es mit Puder aus.

Unpassende Farben

Die Farbe des Lippenstifts sollte mit der Kleidung und dem Teint korrespondieren. Betrachtet euch immer als Gesamtkunstwerk und stimmt alle Stilelemente aufeinander ab. Achtet darauf, dass auch die Finger- und Fußnagelfarbe sowie die Accessoires mit dem gesamten Make-up harmonieren.

Schiefer Lidstrich

Es gehört viel Übung dazu, einen geraden und gleichmäßig breiten Lidstrich aufzutragen. Ein schiefer Lidstrich lässt euch schielen statt strahlen. Wenn der Lidstrich danebengegangen ist, müsst ihr ihn schnell mit einem angefeuchteten Wattestäbchen entfernen und die Linie erneut ziehen. Versucht, die Hand beim Malen vorsichtig an der Wange anzulehnen und den Ellenbogen auf der Tischplatte abzustützen, dann könnt ihr die Bewegung exakter ausführen.

Falsch gezupfte Augenbrauen

Die Augenbrauen sollten eure Augen möglichst natürlich umschmeicheln. Absolutes No-go sind stark überzupfte oder übertrieben dunkel geschminkte Brauen. Beides wirkt nicht verführerisch. Achtet also darauf, dass eure Augenbrauen zu eurem Gesicht passen und sich harmonisch in das Gesamtbild einfügen. Zu stark gezupfte Brauen könnt ihr mit etwas Augenbrauenfarbe kaschieren.

Die Basics für daheim und unterwegs

Für alle, die sich jederzeit perfekt stylen möchten, egal, ob zu Hause oder unterwegs, sind die folgenden Produkte ein absolutes Muss und gehören auf den Schminktisch oder in die – noch so kleine – Handtasche.

Alles für zu Hause

Reinigungs- und Pflegeprodukte
* Augen-Make-up-Entferner
* Reinigungslotion
* Peelingcreme
* Masken
* Augencreme
* Feuchtigkeitscreme
* Lippenbalsam

Außerdem
* Wattestäbchen und -pads
* Kosmetiktücher

Alles für zu Hause

Dekorative Kosmetik
* Concealer
* Make-up
* loser Puder
* Rouge
* Lidschatten
* Kajalstift, flüssiger Eyeliner
* Wimperntusche
* Konturenstift
* Lippenstift, Lipgloss

Außerdem
* Pinsel
* Schwämmchen
* Wimpernzange

Die sind für unterwegs

* Concealer
* Grundierung in Stiftform
* Puder
* Mascara
* Lipgloss
* Haarbürste
* Papiertücher

Bad Hair Day – Good Hair Day

Der Wecker klingelt, ihr kämpft euch verschlafen aus dem Bett, geht ins Bad und schaut entsetzt in den Spiegel: Bad Hair Day – und das ausgerechnet heute! Kein Grund zum Verzweifeln, mit ein paar Beautytricks bringt ihr Glanz in eure Haare oder bändigt sie ganz einfach. Doch um den Bad Hair Day schon im Vorfeld zu vermeiden, gebe ich euch hier einige einfache Haarpflegetipps an die Hand.

Das richtige Shampoo ist essenziell. Je weniger Inhaltsstoffe es hat, desto besser. Dabei sind die teuersten Produkte übrigens nicht immer die besten. Ein Shampoo soll die Haare in erster Linie reinigen. Achtet darauf, dass es wasserlösliche Silikone enthält, ansonsten wird euer Haar stumpf. Ein anschließend aufgetragener Conditioner pflegt die Haare, ohne sie zu beschweren, und bringt zusätzlichen Glanz. Nach dem Föhnen verleiht eine Glanzcreme für »extra shiny hair« einen zarten Schimmer.

Lockige Haare brauchen mehr

So kraftvoll und voluminös lockige Haare aussehen, so mimosenhaft sind sie in der Pflege. Lockige Haare neigen stark zu Trockenheit und sollten daher stets mit reichhaltigen, pflegenden Shampoos verwöhnt werden. Trockene Haare nie entwirren und bürsten, sonst werden sie strohig und verlieren an Glanz. Nach dem Waschen tragt ihr am besten eine Spülung auf und kämmt die Mähne vorsichtig durch. Dann lasst ihr die Haare etwa 20 Minuten unter einem Handtuch vortrocknen, knetet eine spezielle Lockenlotion ein, die die Haare mit den nötigen Wirkstoffen versorgt und Sprungkraft gibt, und föhnt sie abschließend nur lauwarm trocken. Zum Schluss die Haare noch einmal mit kalter Luft anpusten, um die empfindliche Oberfläche zu schließen.

Richtig trocknen

Rubbelt eure Haare nicht trocken, sonst können sie brechen oder splissen, sondern drückt sie nur sanft mit einem Frottiertuch aus. Danach die Haare kurz über Kopf föhnen und mit den Fingern so lange locker verwuscheln, bis sie nur noch leicht feucht sind. Dann teilt ihr die Haare portionsweise ab, steckt sie hoch und beginnt von unten mit dem Föhnen. Nicht zu heiß und immer in Haarwuchsrichtung föhnen, damit sich die feinen Haarschüppchen nicht aufstellen und aufrauen. Damit sich langes Haar sanft wellt, könnt ihr das fast trockene Haar zu einem Dutt einrollen, feststecken und auf diese Weise trocknen lassen.

Mehr Volumen

Um die Haare voller wirken zu lassen, föhnt ihr Strähne für Strähne mit heißer Luft über eine Rundbürste. Zum Schluss lasst ihr die Bürste im Haar und pustet die Strähne mit kalter Luft an, bis sie ausgekühlt ist. Möglichst mit einer zweiten Bürste arbeiten, sodass eine der beiden zum Auskühlen im Haar verbleiben kann. Anstelle von Metallbürsten empfehle ich Bürsten mit Naturborsten oder Keramikkern, da Metallborsten die feine Schuppenschicht der Haare aufrauen können.

Das Finish mit Haarspray

Haarspray ist wichtig für das Fixieren der kleinen Härchen. Gebt es aber nie direkt auf die Frisur, sondern sprüht es lieber vor euch in die Luft und geht durch diesen »Nebel« hindurch, sonst wirkt eure Frisur wie einbetoniert. Einzelne fliegende Haare könnt ihr mit einem Kamm bändigen, auf den ihr vorher etwas Haarspray aufgesprüht habt.

Widerspenstiges Haar zähmen

Trotz aller Pflege kommt man manchmal einfach nicht am Bad Hair Day vorbei. Das kann an den Hormonen liegen, daran, dass die Haare wieder mal geschnitten werden müssen, oder einfach an der aktuellen Gemütslage.

Krause Haare, die in alle Himmelsrichtungen abstehen, sehen oft ungepflegt und glanzlos aus. Sie lassen sich ganz schnell mit Hilfe eines Glätteisens in Form bringen. Dazu das Eisen vorheizen, die Haare mit einer speziellen Glanzlotion einsprühen und dann Strähne für Strähne vorsichtig durch das Eisen ziehen. Wenn ihr vor das Eisen einen Kamm haltet, zieht ihr die Haare gekämmt durch das Eisen und verhindert Ziepen und Spliss. Anschließend benetzt ihr die Haare mit einem leichten Glanzspray.

Die schnellste Methode, um mittellanges Haar zu bändigen, ist nach wie vor das gute alte Haargummi. Mit ihm könnt ihr ganz schnell eine coole und lässige Frisur zaubern. Dazu toupiert ihr die Haare am Hinterkopf etwas an, streicht die oberste Schicht wieder glatt, zieht sie ein bisschen nach oben und bindet sie mit dem Gummi zusammen. Einige Ponyfransen herausziehen und die Frisur in Form ziehen. Einen kinnlangen Bob könnt ihr mit edlen Haarreifen zurücknehmen oder mit Gel zerzausen.

Keine Zeit zum Waschen

Fehlt euch die Zeit, die Haare noch schnell zu waschen und trocken zu föhnen, dann könnt ihr auch mal ein Trockenshampoo verwenden oder im Notfall Babypuder benutzen. Den Puder auf eine Haarbürste stäuben und die Haare damit gründlich am Ansatz ausbürsten. Kurz warten, damit die Puderpartikel das Hautfett aufnehmen können, und dann kalt ausföhnen und ausbürsten.

Evolution

– die Looks

So entsteht ein Look

Smoky Eyes, Easy Glamour, Nude- und Catwalk-Look – das sind die aktuellen Make-up-Trends für junge, selbstbewusste, moderne Frauen, die ihren eigenen Stil und ihre Persönlichkeit auch nach außen präsentieren wollen. Im Vordergrund der neuen Looks steht dabei eine absolut perfekte Haut. Ein gesunder, strahlender, makelloser Teint ist die Leinwand, auf der wir Make-up-Artisten unsere Kunstwerke zelebrieren. Natürlichkeit heißt das neue Zauberwort, gepaart mit dramatisch dunklen Lidschatten, die das stylische Flair dunkler Sonnenbrillen übernehmen und auf dem Laufsteg für Stummfilmdramatik sorgen.

Die aktuellen Trends der Fashion Weeks, Kampagnen und Fotoshootings könnt ihr mit der richtigen Technik ganz leicht selbst nachmachen. Holt euch die fantastischen Ideen vom Catwalk und kreiert euren eigenen Stil. Spielt mit den Variationen, experimentiert mit euren Facetten und findet den Stil, der am besten zu euch passt.

Anhand von vier verschiedenen Modeltypen zeige ich euch Schritt für Schritt, wie es euch gelingt, sexy, glamourös und einfach großartig auszusehen. Probiert die folgenden Make-up-Tipps aber erst einmal in Ruhe aus, allein oder mit einer Freundin, und nicht erst kurz vor einem wichtigen Date. Denn auch wenn meine Empfehlungen eure routinierte Reihenfolge vielleicht nur geringfügig verändern, sollten sie doch geübt werden, sonst wirkt ihr verkleidet und euer Gesicht wie eine Maske.

Der wichtigste Schritt für ein gelungenes Styling ist – wie bereits erwähnt – eine reine, gesunde Haut. Je auffälliger das Make-up ist, desto perfekter muss die Basis sein. Einen atemberaubend schönen Teint könnt ihr mithilfe einer sogenannten Grundierung ganz schnell selbst zaubern. Ebenso wie ein Maler seine Leinwand behandelt, bevor er mit dem eigentlichen Bild beginnt, solltet ihr auch euren Look mit einer perfekten Base vorbereiten. Dafür verwendet man stark pigmentierte Concealer, die Schatten und Unebenheiten optisch verschwinden lassen und kleine Hautfehler retuschieren. Mit verschiedenen Make-up-Farbnuancen lassen sich dann die Gesichtszüge modellieren und optische Vorzüge noch besser ins rechte Licht rücken.

Mit einer perfekten Base benötigt ihr dann nur noch ein wenig Lipgloss und Wimperntusche, um elegant und gepflegt auszusehen. Wollt ihr aus diesem reduzierten Nude-Look einen edgy, sexy, verruchten Look erzeugen, braucht ihr einen Kajal oder dunklen Lidschatten und nach ein paar Handgriffen werdet ihr zum Mittelpunkt jeder Party.

Diese Verwandlung könnt ihr anhand der vier Models genau verfolgen. Step by step könnt ihr sehen, wie aus dem »netten Mädel von nebenan« eine atemberaubende, schillernde Schönheit wird. Vielleicht habt ihr euch schon mal gefragt, wie ein perfektes Styling eigentlich entsteht? Wie ein Model verändert wird, wenn man von ihr dramatische Fotos machen möchte? Wie viel Aufwand sich hinter einem einzigen Kampagnenfoto verbirgt, um letztendlich ein ganz natürliches Ergebnis zu erzielen? Dann seid mit dabei und werdet Zeuge dieser Veränderung!

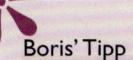

Boris' Tipp
Bei reiferer Haut unter dem Tages-Make-up unbedingt eine Creme mit Lichtschutz und pflegenden Wirkstoffen verwenden. Ein Faltenfüller kaschiert außerdem die Fältchen optisch und verhindert, dass sich das Make-up in den Vertiefungen sammelt. Aus diesem Grund sollte man bei diesem Hauttyp auch sparsam mit dem Make-up umgehen, denn ein Zuviel setzt sich leicht in den Fältchen ab.

Basis für einen perfekten Look

Für ein perfektes, natürliches Make-up benötigt die Haut eine perfekte Vorbereitung. Dazu habe ich euch bereits auf den Seiten 19 bis 27 einiges zur optimalen Pflege erzählt. Denn nur so sieht euer gewünschtes Make-up auch wirklich gut aus.

Die abgeschminkte und gereinigte Haut pflegt ihr zunächst mit einer leichten Tagescreme, die einen Sonnenschutzfaktor von mindestens LSF 15 enthält. Zur Vorbereitung für das Make-up, bei geschwollenen Tränensäcken oder nach durchtanzten Nächten könnt ihr eure verquollenen Augen zunächst mit einer abschwellenden, revitalisierenden Augenmaske verwöhnen. Die fettfreie Augencreme nehme ich gerne auch als Grundlage für das ganze Gesicht. Sie zieht schnell ein und ist eine optimale Make-up-Unterlage. Die Creme einige Minuten wirken lassen, bis sie vollständig eingezogen ist. Eventuell überschüssige Creme mit einem Kosmetiktuch abtupfen.

Vom Nude-Look zu Smoky Eyes

Auf den folgenden Seiten seht ihr, wie aus dem täglichen Fünf-Minuten-Make-up, dem Nude-Look, in nur wenigen Minuten ein cooles und verruchtes Make-up wird. Probiert einfach mal Smoky Eyes aus, entweder dezent oder stärker, und genießt eure extravagante Ausstrahlung.

Model: Catrin
Agentur: Modelwerk

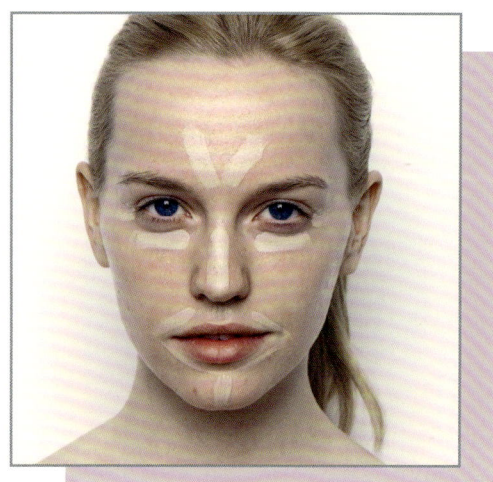

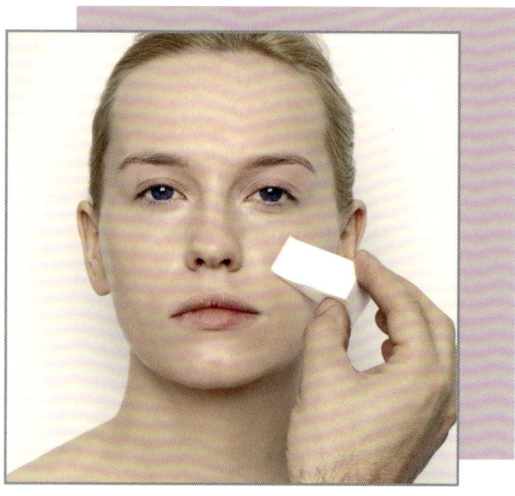

Grundierung

Den Concealer, der immer einen Ton heller als die natürliche Hautfarbe sein sollte, an den Stellen auftragen, an denen leichte Schatten zu sehen sind, also unter den Augen, V-förmig an der Stirn sowie in den inneren Augenwinkeln und an den Nasenflügeln. Trägt man den Concealer um die Lippen herum auf, lässt er sie voluminöser erscheinen.

Die stark pigmentierte Creme nun mit einem kleinen Concealerpinsel oder einem Schwämmchen gründlich von der Mitte des Gesichts nach außen hin in die Haut einarbeiten. Den Concealer um die Lippen herum mit einem Schwämmchen bis in die Lippenmitte hineinstreichen. Unter den Augen von außen nach innen leicht einklopfen und sorgfältig bis in den unteren Wimpernkranz hinein einarbeiten. Dabei immer von der äußeren Seite der Augen nach innen zur Nase hin tupfen und nicht andersherum, sonst schiebt man die Farbpigmente zu sehr in die filigranen Augenfältchen und nimmt zu viel Cremepartikelchen mit zur Augenaußenseite. Am dunkelsten ist die Haut an der Innenseite der Augen und an der Nasenwurzel. Dort muss der Concealer vielleicht ein zweites Mal aufgetragen werden.
Rötungen oder kleine Pickel könnt ihr ebenfalls mit einem Concealer verschwinden lassen, allerdings sollte die Farbe des Concealers dabei dem eigenen Hautton entsprechen.

Nun wird flüssiges Make-up mit einem Schwämmchen auf die gesamte Haut aufgetragen: Dazu eine erbsengroße Portion auf die Handkante geben, mit dem Schwämmchen aufnehmen und portionsweise abnehmen. So verteilt sich das Make-up gleichmäßig auf der Haut.

Bei Catrin trage ich erst einen dunkleren Ton auf Wangen und äußere Stirn sowie auf Hals, Dekolleté und Ohr auf und arbeite die Foundation dann gründlich ein. Als nächstes trage ich flüssiges Make-up in einem helleren Ton auf die mittlere Stirn sowie auf Nase und Kinn auf. Für die Wangenpartien nehme ich anschließend wieder das dunklere, flüssige Make-up und modelliere so bereits eine schöne Kontur.

Boris' Tipp
Concealer zum Kaschieren von Schatten sollte immer einen Ton heller als der Hautton sein, flüssiges Make-up hingegen sollte dem natürlichen Hautton entsprechen.

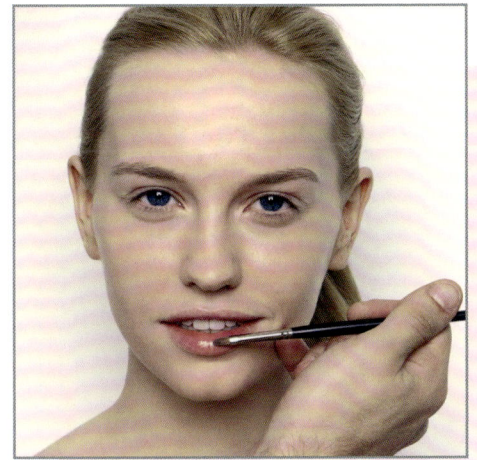

3

4

Achtet immer darauf, dass auch das Ohr, der Hals und das Oberlid mitgeschminkt werden. Das gesamte Make-up gründlich einarbeiten und die verschiedenen Farbtöne ineinanderfließen lassen, bis sich das Make-up nicht mehr vom Teint abhebt – dann wird das Ergebnis natürlich und hält lange an. Es dürfen keinerlei Übergänge oder Kanten zu sehen sein. Das gilt auch für den Hals und die Ohren. Das gesamte Make-up muss wie ein Hauch von Samt auf eurer Haut liegen und einen zarten Schimmer erzeugen.

Lippen

Ist die Grundierung fertig, trage ich gerne noch einen pflegenden Lippenbalsam auf die Lippen auf. Besonders Produkte mit Zusätzen wie Vitamin A und E, Panthenol, Bisabolol und Allantoin glätten die empfindliche Haut und versorgen sie mit ausreichend Feuchtigkeit.

Boris' Tipp
Legt ein Kosmetiktuch unter das Auge, bevor ihr den Lidschatten auftragt, um herunterfallende Farbpartikel aufzufangen, die auf den bereits grundierten Teint fallen und dort unerwünschte Schatten hinterlassen können.

Augen

Einen Lidschatten in einem sanften, matten, hellen Nougatfarbton auftragen und bis hoch zu den Augenbrauen verstreichen. Für ein edles Ergebnis den Farbstaub gleichmäßig auf dem oberen Lid verteilen. Dazu mit dem Pinsel den Lidschatten aufnehmen, mit dem Pinselstiel kurz auf den Handrücken aufschlagen, um überflüssiges Pulver abzuklopfen, und die Farbe dann gleichmäßig vom Wimpernkranz bis unter die Augenbrauen auftragen.

Wimpern

Für den Nude-Look verwendet man in der Regel nur Erdfarbtöne. Tragt die Wimperntusche daher nicht in Schwarz, sondern in einem warmen Braunton oben und unten auf die Wimpern auf. Beim Wimperntuschen unbedingt mit der Außenseite beginnen und die Wimpern in leichten Zickzackbewegungen gründlich vom Wimpernkranz aus zur Innenseite des Auges tuschen. Dabei darauf achten, dass ihr wirklich jedes Härchen erwischt. Vor allem die inneren und äußeren Haare mittuschen, denn obwohl sie oft vergessen werden und viele nur in der Mitte des Auges tuschen, machen gerade sie das Auge richtig groß. In leichten vibrierenden Bewegungen den Pinsel vom Ansatz zur Spitze ziehen, damit jedes Haar von allen Seiten Farbe bekommt.

5

Wangen

Das Rouge ebenfalls in einem warmen Erdfarbton wie beispielsweise in Bronze auftragen. Dazu das Rouge mit dem großen weichen Puderpinsel aufnehmen, Pinsel kurz ausschütteln und das Rouge unter dem höchsten Punkt des Wangenknochens beginnend sanft auftragen und von dort bis zum Ohr und Kinn hin auslaufen lassen. Gründlich einarbeiten und mit der Grundierung vereinen, so wirkt eure Gesichtskontur absolut natürlich, ohne »geschminkt« auszusehen.

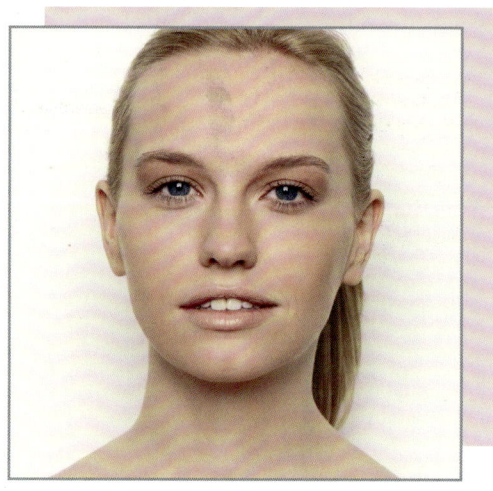

6

Lippen

Für volle ausdrucksstarke Lippen das flüssige Make-up oder einen hautfarbenen Lippenstift mit einem Schwämmchen oder Pinsel einarbeiten. Wenn sich die Lippenkonturen mit der Hautfarbe verwischen, wirkt der Mund meist größer als bei stark definierten Lippen. Gerade schmale Lippen wirken mit diesen hellen Tönen optisch größer. Bei sehr voluminösen Lippen kann man hingegen einen warmen, matten, etwas dunkleren Erdfarbton verwenden, der den Mund optisch etwas verkleinert. Ist der Ton allerdings zu präsent, rückt er den Mund zu stark in den Mittelpunkt.

Finish

Zum Fixieren des Make-ups einen zarten Hauch transparenten Puders mit dem großen Puderpinsel aufnehmen, Pinsel leicht ausklopfen und den Puder einmal locker über die leicht glänzenden Stellen geben. Stäubt den Puder auch vorsichtig unter den Augen auf, um den Concealer zu fixieren. Dann die Hände aneinanderreiben, bis sie warm sind, und leicht auf das Gesicht auflegen, um den Puder mit dem restlichen Make-up zu verschmelzen und somit unsichtbar zu machen. Fertig ist ein absolut natürlicher und doch atemberaubender Nude-Look.

Mit nur wenigen Handgriffen könnt ihr eurem alltagstauglichen Make-up blitzschnell Sex-Appeal verleihen.

Smoky Eyes

8

Die Farbe dann mit einem Wattestäbchen gründlich bis in den Wimpernkranz hinein verwischen und nach oben auslaufen lassen, sodass sich der Concealer mit dem Kajal verbindet und nach oben ausgesoftet wird. Den Kajal fixiert ihr am besten noch mit sehr wenig losem Puder. Smoky Eyes dürfen, ja sollen sogar dreckig und edgy aussehen – also keine Hemmungen und richtig verwischen! Schon habt ihr innerhalb von zwei Minuten einen auf dem Nude-Look basierenden sexy, verruchten Ausgeh-Look.

7

Augen

Für dieses Styling verwendet ihr am besten einen weichen Kajalstift oder einen stark pigmentierten Lidschatten. Bei Catrin nehme ich einen schwarzen Kajal: Mit dem Stift am oberen und unteren Lid bis in die Ecken einen dicken, gleichmäßigen Lidstrich auftragen.

Boris' Tipp

Der Kajal muss für diesen Look sehr weich und leicht verwischbar sein. Das könnt ihr am besten erst mal auf dem Handrücken ausprobieren. Bevor ihr einen Kajal kauft, zieht mit den verschiedenen Stiften eine Linie auf dem Handrücken oder Daumenballen und versucht sie anschließend, mit dem Finger zu verwischen. Gut eignen sich die Kajalstifte, die sich sofort verwischen lassen und keine klare Linie mehr aufweisen.

Ist euch der Smoky-Eyes-Look noch nicht dramatisch genug? Dann verstärkt den Look einfach. So geht's.

10

9

Augen

Fangt vorsichtig an, die Wimpernkränze zu verstärken und immer mehr Farbe dazuzunehmen. Auf diese Weise könnt ihr den Look langsam verstärken, aber auch jederzeit aufhören, bevor es überschminkt aussieht: Tragt einen weichen schwarzen Kajal in der Mitte des beweglichen Lids richtig kräftig in Form eines dicken Balkens auf. Den Farbbalken mit der Fingerspitze gut einarbeiten. Eine dramatische Wirkung entsteht, wenn ihr die Schattierung bis hoch in die Augenbrauen hineinzieht und zu den Augenbrauen hin

auslaufen lassen. Gründlich mit den Fingern verwischen, sodass ein rauchiger, verwegener Look entsteht. Der Lidschatten darf dabei ruhig noch verschiedene Schattierungen aufweisen. Wichtig ist nur, dass er auf beiden Seiten gleich ausläuft. Ihr könnt alle Lidschattenfarbtöne verwenden, die rauchig, weich verlaufend und leicht changierend sind. Ob glänzend oder matt bleibt euch überlassen. Denn dieser Look lädt zum Spielen und Experimentieren geradezu ein. Silber und Gold können, punktuell eingesetzt, ebenso interessante Reize schaffen wie Schwarz.

Wichtig ist es, auch die Augenbrauen mit einem Augenbrauenpinsel zu betonen. Dazu Lidschatten leicht in die Härchen einpinseln und die Augenbrauen sanft vervollständigen. Danach die Augen noch mal mit schwarzer Wimperntusche intensiv nachtuschen.

Diesen Look bekommt ihr mit etwas Übung innerhalb von zwei Minuten hin.

Lippen

Da der Fokus auf den Augen liegt, wird der Mund zurückgenommen, damit er den Augen nicht die Show stiehlt. Augen und Lippen sollten möglichst nicht in Konkurrenz zueinander treten, sondern miteinander spielen und sich ergänzen.

Den alltagstauglichen Nude-Look stylt ihr somit schnell in einen trendigen, rauchig-verruchten, intensiven, ja fast schon dramatischen Look um, den man oft in Musikvideos oder auf aktuellen Kampagnenfotos großer Modehäuser sieht. Das Ganze darf dabei ruhig richtig dramatisch und leicht unsauber wirken – vor allem aber müsst ihr euch damit wohlfühlen.

Vom Business-Look zum Glamour-Look

Mit rauchschwarz umrahmten Augen und perfekt gezeichneten, erotischen Lippen verwandelt ihr euch in kürzester Zeit vom klassischen Business-Typ in ein unwiderstehliches Glamour-Girl mit Stil.

Model: Hinarani
Agentur: Modelwerk

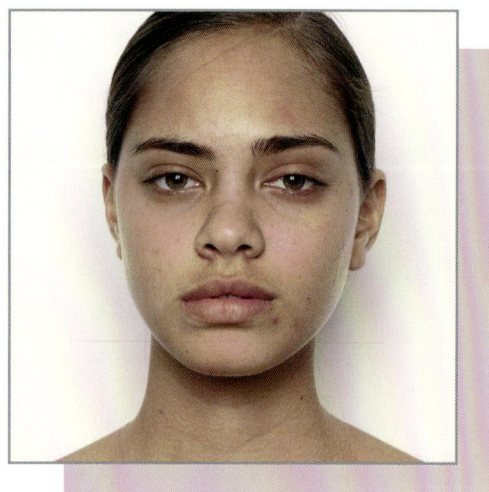

Grundierung

Um den Teint vorzubereiten, erst mal eine leichte Tagescreme oder Augenpflege auftragen. Trockene Haut strahlt besonders, wenn man eine feuchtigkeitsspendende Maske dünn aufträgt und als Make-up-Basis verwendet. Maske einige Minuten einziehen lassen, bevor ihr mit einem Schwämmchen beginnt, die Grundierung aufzutragen.

Für den exotischen, rassigen, dunklen Typ, den Hinarani verkörpert, wähle ich zunächst einen Ton in ihrer natürlichen Gesichtsfarbe aus und trage dann das feuchtigkeitsspendende und pflegende flüssige Make-up mit einem Schwämmchen auf.

Das flüssige Make-up klärt das Gesicht, lässt Pigmentierungen unsichtbar werden, nimmt der Haut die roten und blauen Farbnuancen und hellt den Teint harmonisch auf. Das cremige Fluid trage ich mit dem Make-up-Schwämmchen in der Mitte des Gesichts auf und arbeite es dann über die Wangen zum Ohr und über die Lippen bis zum Kinn hin ein. Unter dem Auge das Make-up immer von außen nach innen auftragen und mit dem Schwämmchen oder den Fingern gründlich einarbeiten oder einklopfen.

Mit dem dunkleren Ton flüssigen Make-ups wird das Gesicht modelliert. Dazu tragt ihr mit dem Schwämmchen dunkles flüssiges Make-up vom Ohr bis zum Kinn in Form eines Dreiecks auf und lasst es bis unter das Kinn hin auslaufen; dann blendet ihr es in Richtung Hals mit dem helleren Ton aus. Diese Technik bezeichnet man als »Schattieren«. Die Übergänge gründlich einarbeiten, sodass keine klaren Farbabgrenzungen mehr zu sehen sind.

Boris' Tipp
Die Foundation immer erst auf den Wangen oder auf dem Dekolleté bei Tageslicht ausprobieren. »Verschwindet« der gewählte Farbton auf der Haut und hinterlässt keinen sichtbaren Rand, habt ihr genau die richtige Farbe gewählt.

3

Anschließend setzt ihr mit einem kleinen Concealerpinsel aufhellende Highlights: Dafür den hellen Concealer als V zwischen den Augenbrauen, unter den Augen, um die Lippen und um die Nasenflügel herum mit dem Schwämmchen verteilen und gut einarbeiten. Den Concealer unter den Augen sorgfältig bis in den Wimpernkranz hineinwischen. Anschließend alles sorgfältig mit einem Schwämmchen verwischen und die Übergänge harmonisieren. Die Haut schimmert jetzt zart und wirkt völlig natürlich.

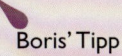

Boris' Tipp
Setzt den Concealer sparsam ein, sodass er sich problemlos in die bereits mit Make-up grundierte Haut einarbeiten lässt. Wer mag, kann das Ganze noch mit etwas losem hellem Puder fixieren.

4

Augen

Für den alltagstauglichen Business-Look setzt ihr nun eure Augen dezent, aber sehr elegant in Szene – und zwar Schritt für Schritt. Zuerst schminkt ihr nur das Oberlid des linken Auges, um so eine exakte Vorlage für das rechte Auge zu haben. Setzt mit dem Rundpinsel einen Bogen in einem grauvioletten, matten Ton in die Lidfalte und verwischt ihn sanft mit einem Wattestäbchen, sodass keine klare Kontur mehr zu sehen ist. Nun tragt ihr mit dem Lidschattenpinsel einen glänzenden, silberbraunen Ton von der Lidfalte ausgehend in Richtung Auge auf und verwischt ihn ebenfalls ganz leicht.

5

Nun kommt das andere Auge dran. Beginnt wiederum, den matten, grauvioletten Ton in die Lidfalte aufzutragen und vorsichtig zu verwischen. Dabei solltet ihr immer wieder anhand des bereits geschminkten Auges überprüfen, ob Farbintensität und Verlauf identisch sind. Dann folgt der glänzende, silbergraue Lidschatten. Wichtig ist, dass bei diesem edlen Look alle Übergänge fließend sein müssen, damit sie natürlich aussehen.

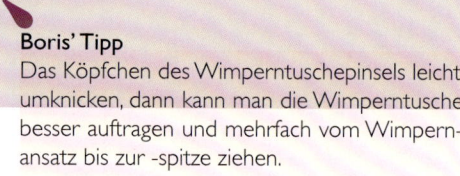

Boris' Tipp
Das Köpfchen des Wimperntuschepinsels leicht umknicken, dann kann man die Wimperntusche besser auftragen und mehrfach vom Wimpernansatz bis zur -spitze ziehen.

6

Die Wimpern mit einer Wimpernzange sanft in Form biegen, damit sie im Bogen nach oben stehen und dadurch das Auge größer und wacher erscheinen lassen.

7

Dann die Wimpern mit schwarzer Wimperntusche gründlich vom Ansatz bis zur Spitze in leichten Zickzackbewegungen tuschen – von der Augenaußenseite zur Innenseite hin arbeiten und die kleinen Härchen im Augenwinkel nicht vergessen. Die gründlich gezupften Augenbrauen nur leicht bürsten.

8

Mit zwei, drei Handgriffen lässt sich daraus ganz schnell ein intensiver Look für den großen Auftritt zaubern – einfach, indem ihr die Augen zusätzlich betont: Mit derselben Farbe wie in der Lidfalte auch direkt unter dem Auge arbeiten. Den Lidschatten rund um das Auge wie einen Eyeliner auftragen und sanft verwischen.

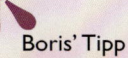

Boris' Tipp
Wenn man die Hand leicht auf der Wange abstützt, kann man den Lidschatten mit einem kleinen flachen Lidschattenpinsel exakt auftragen.

9

Lippen

Die elegante Note dieses Looks unterstreicht man perfekt mit einem farblosen Lipgloss, der die sinnlichen Lippen und damit den ganzen Style zum Strahlen bringt.

Gloss mit einem kleinen Pinsel jeweils dünn auf die Mitte von Ober- und Unterlippe auftragen und von dort aus gleichmäßig zu den Seiten hin verteilen.

Ihr entscheidet euch für einen noch dramatischeren Look und wollt heute mit Glamour punkten? So geht's.

Glamour-Look

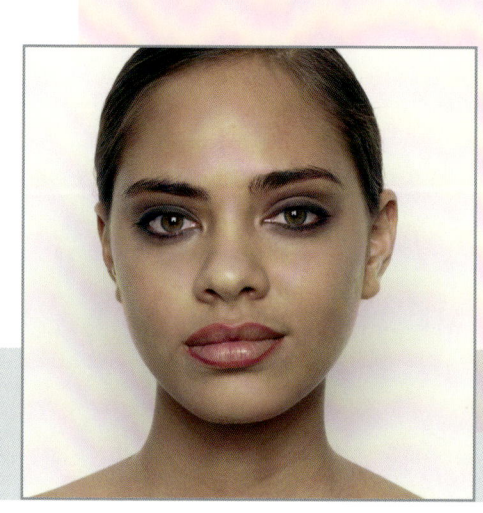

11

10

Lippen

Die Lippen mit einem Konturenstift, der dieselbe Farbe wie euer Lippenstift hat, definieren. Wichtig ist dabei, dass ihr den Lipliner immer von außen nach innen zieht. Auf diese Weise gelingt der Linienschwung am besten, durch den die Lippen voller und sinnlicher wirken. Damit die Lippenkontur nicht als harter Strich zu sehen ist, solltet ihr den Lipliner vor dem Ausmalen leicht zur Lippenmitte hin verwischen.

Augen

Ein matten, schwarzen Lidschatten mit dem Lidschattenpinsel auf das untere Lid auftragen. Am Oberlid entlang des Wimpernkranzes eine Linie vom inneren Augenwinkel zur Mitte hin ziehen und mit einem Strich von außen nach innen verbinden. Die Farbe direkt zwischen die Wimpern setzen und den Pinsel auf dem Lidrand hin- und herführen, um den Lidstrich etwas zu verwischen. Mit dem Pinsel die Linie um das Auge schließen – das lässt das Auge strahlen.

Boris' Tipp
Wenn die Augen eng zusammen- oder weit auseinanderstehen, die Linie nicht schließen, sondern interessante Effekte in Grau oder Silber in die Ecken setzen. Das harmonisiert die Augenstellung.

12

Mit einem Lippenpinsel könnt ihr die Farbe exakter auf die Lippen auftragen als mit dem Stift.
Nehmt die Farbe mit dem Pinsel vom Lippenstift ab und tupft sie mit dem Pinsel von innen
nach außen auf. Eventuell könnt ihr in der Mitte
der Lippen noch einen dunkleren Ton setzen und
leicht mit dem Finger einklopfen. Für diesen Look
eignen sich knallrote und bräunliche Lippenstifte,
aber auch sinnlich glänzendes Lipgloss in Sandel-
holzfarben.

Wenn ihr eure Lippen zu einem späteren Zeitpunkt nachschminken möchtet, solltet ihr die
Farbe nicht einfach drübermalen. Entfernt stattdessen mit einem Kosmetiktuch die Farbreste
und tupft die Lippen trocken. Dann erst tragt ihr
mit dem Lippenpinsel die neue Farbe auf – sie
hält nun besser.

Boris' Tipp
Knallige Lippenstifte verwendet ihr sicher nicht
jeden Tag. Damit eure Lippenstifte aber möglichst lange halten, bewahrt ihr sie am besten im
Kühlschrank auf.

Vom Daily-Look zum Catwalk-Look

Den einfachen und doch spektakulären Daily-Look für den Alltag könnt ihr in nur fünf Minuten in einen trendigen Ausgeh-Look verwandeln. Dafür braucht ihr nur ein bisschen Lidschatten und einen schwarzen Eyeliner.

Model: Franziska
Agentur: Modelwerk

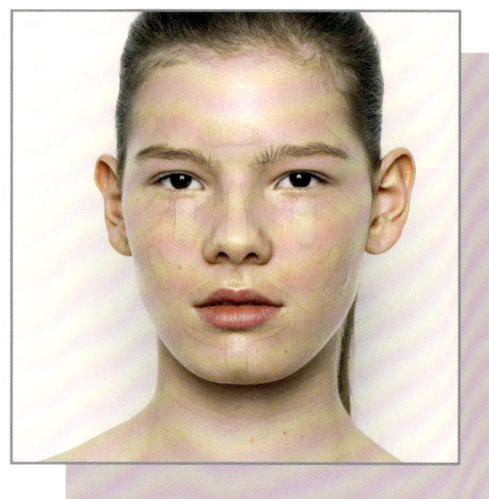

Grundierung

Zur Vorbereitung auf das Make-up pflege ich Franziskas Haut, die sehr ebenmäßig ist, mit einer aufbauenden, fettfreien Augencreme, damit die Haut Feuchtigkeit erhält und das Make-up ihre natürliche Ausstrahlung unterstreichen kann.

Den hautfarbenen Concealer mit einem Pinsel auftragen. Da bei Franziska die Haut sehr schön ist, verwende ich den Concealer nicht zum Abdecken von Schatten oder Rötungen, sondern nur zum Modellieren ihres Gesichts. Den Concealer mit einem Schwämmchen gründlich verteilen. Je sorgfältiger ihr das Make-up in die Hautstruktur einarbeitet, desto natürlicher und haltbarer wird der Look. Den Concealer um die Lippen herum auftragen und von dort über die Lippenkontur hinweg zur Lippenmitte verteilen. Die Base mit dem Schwämmchen gründlich in die Augenwinkel und in den Wimpernkranz hinein eintupfen.

Anschließend mit einem dunkleren Make-up-Fluid in Keilform bis unter das Kinn arbeiten. Auf den Nasenrücken einen hellen Ton und an den Nasenflügeln einen dunkleren Ton verwenden. Die Übergänge am Kinn gründlich verwischen.

Finish

Für einen langen Halt transparenten Puder mit einem großen Puderpinsel aufnehmen, Pinsel kurz abklopfen und anschließend damit leicht über das gesamte Gesicht »huschen«. Der transparente Puder fixiert das flüssige Make-up auf der Haut, nimmt den Glanz und verleiht dem gesamten Gesicht eine samtig-weiche Oberfläche. Anschließend die Handflächen aneinanderreiben und die warmen Hände leicht auf das Gesicht auflegen und andrücken.

Boris' Tipp
Unbedingt das Make-up über die Kinnkante bis unter den Hals auslaufen lassen. Dafür unter dem Kinn und am Hals wiederum die hellere Nuance verwenden und bis übers Schlüsselbein hinausfließen lassen, damit sich nirgendwo hässliche Schminkkanten bilden.

Boris' Tipp
Nur wenig Puder unter den Augen verwenden, damit sich keine Partikelchen in die filigranen Fältchen setzen. An diesen Punkten auch mit Make-up immer sehr sparsam umgehen, da das Gesicht sonst maskenhaft und alt aussieht.

3 Augen

Bei dem reduzierten Style bleiben die Augen ganz im Hintergrund und wirken gerade durch ihren cleanen Look sehr mondän: Dazu mit einem Augenbrauenpinsel nur die Augenbrauen leicht mit etwas brauner Farbe auspinseln und mit einem kleinen Bürstchen in Form kämmen. Um die Brauen zu fixieren, könnt ihr vor dem Kämmen entweder etwas Haarspray auf das Bürstchen geben oder Augenbrauengel verwenden.

Dann die Wimpern vom Ansatz bis zur Spitze in leichten Zickzackbewegungen tuschen.

5 Lippen

Eine erste Schicht farbloses Lipgloss von innen nach außen mit einem kleinen Pinsel auftragen und gleichmäßig verteilen. Anschließend in die Mitte der Lippen noch mal einen Tropfen Gloss setzen und mit den Fingern sanft einklopfen. Das verleiht den Lippen optisch mehr Fülle und lässt sie noch intensiver schimmern. Achtet darauf, dass ihr dabei immer innerhalb eurer Lippenkontur arbeitet, denn kleine Unregelmäßigkeiten sind auch bei farblosem Lipgloss zu erkennen.

Es wartet ein glamouröser Auftritt auf euch. Ich zeige euch,
was ihr für den Catwalk-Look
tun müsst.

Catwalk-Look

7

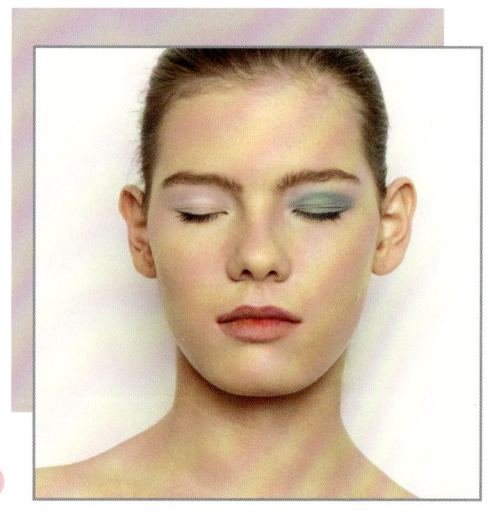

6

Für den eleganten Lidstrich benötigt ihr nun einen
exakt definierenden Eyeliner, der nicht verwischt
und eine perfekte Linie bildet: Den schwarzen
Eyeliner in der inneren Lidecke ansetzen und von
innen nach außen am Wimpernkranz entlang
ziehen – bis ungefähr zu zwei Dritteln des Auges.
Stift absetzen, von außen neu ansetzen und nach
innen ziehen, sodass sich die Linie schließt. Dafür setzt ihr exakt am äußeren Rand der schimmernden Schattierung an und schließt die Linie
über dem Auge.

Augen

Auf das unbewegliche Lid eine helle Lidschat-
tenfarbe, zum Beispiel metallisch glänzendes Sil-
bergrün, bis in die Augenbrauen hinein auftragen
und mit dem abgeschrägten Lidschattenpinsel
nach unten zum Lidrand hin auslaufen lassen. Ab
der Lidfalte einen kräftigen Aquamarinfarbton auf
dem unteren Lid von innen nach außen gehend
auftragen und bis in den Wimpernkranz hinein
verteilen. Bis zur äußeren Lidfalte hin auslaufen
lassen. Anschließend gründlich verwischen und in
den Concealer hineinarbeiten.

Boris' Tipp
Achtet unbedingt darauf, dass der Strich wirklich exakt sitzt. Das funktioniert am besten, wenn
ihr die Augen noch etwa eine halbe Minute lang
geschlossen haltet, nachdem ihr den Eyeliner aufgetragen habt. Auf diese Weise kann der flüssige
Eyeliner richtig trocknen und verwischt nicht.
Das Ergebnis sind klar definierte Katzenaugen
mit einem perfekten Lidstrich.

8

Lippen

Auf die Lippen tragt ihr einen leichten, matten Mauve- oder Sandelholzfarbton mit den Fingern oder mit einem Pinsel von innen nach außen auf und klopft ihn sanft ein.

Wer die Farbe intensivieren möchte, trägt noch etwas transparentes Lipgloss über dem »normalen« Lippenstift auf. Für einen hauchzarten Glanz nur wenig Gloss vorsichtig auf Ober- und Unterlippe auftupfen.

Vom Express-Make-up zum Metallic-Look

Wer wenig Zeit hat, aber dennoch im Mittelpunkt stehen möchte, kann mit nur zwei, drei Handgriffen aus dem schnellen, einfachen Make-up ein wahrhaft glänzendes Highlight kreieren.

Model: Marie Catharine
Agentur: Modelwerk

Grundierung

Mit der Pflege beginnen. Das Gesicht mithilfe einer schützenden Tagespflege oder Augencreme mit feuchtigkeitsspendenden Wirkstoffen und Lichtschutz versorgen. Danach einige Minuten warten, bis die Creme vollständig eingezogen ist. Kompaktpuder mit einem Naturhaarpinsel aufnehmen, Pinsel sanft abschütteln, den Puder über das gesamte Gesicht verteilen und kurz einziehen lassen.

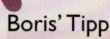

Boris' Tipp
Mit einem einfachen Trick könnt ihr müde Augen ganz schnell zum Strahlen bringen. Tragt jeweils auf der Außenseite des Auges einen kleinen Tropfen hellen Concealers auf und klopft ihn vorsichtig ein – die Augen wirken sofort wacher.

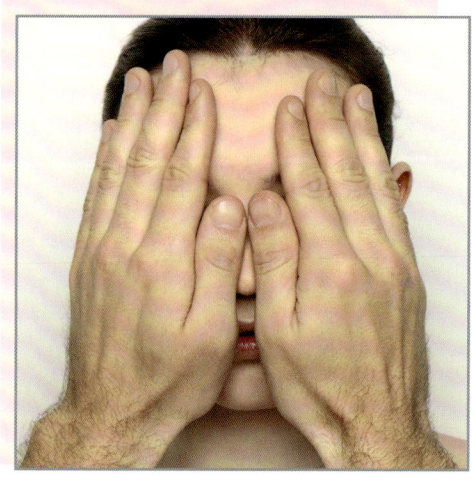

Fixierung

Anschließend reibt ihr eure Hände kurz aneinander, bis sie leicht erwärmt sind, und legt sie auf euer Gesicht, um den farblosen Puder mit der Grundierung zu verbinden. Mit diesem Trick verschmelzen die Puderpartikelchen mit dem gesamten Make-up und bilden eine samtig-glatte Oberfläche, ohne dass das Gesicht dabei zu gepudert wirkt.

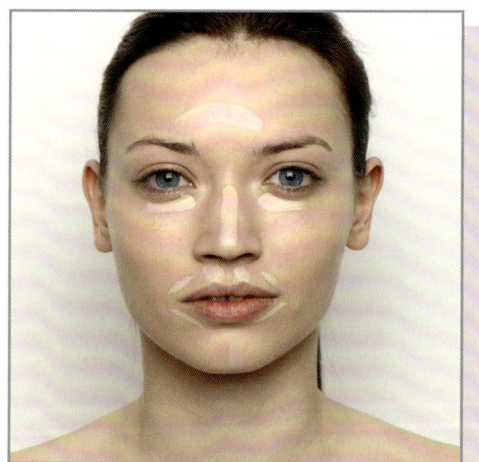

Auf die Pudergrundierung nun einen hellen Concealer auftragen und die Hautfarbe von Ober- und Unterlid, Mund und Nase damit aufhellen, um einen gleichmäßigen Teint zu erzielen. Concealer mit dem Schwämmchen gründlich einarbeiten.

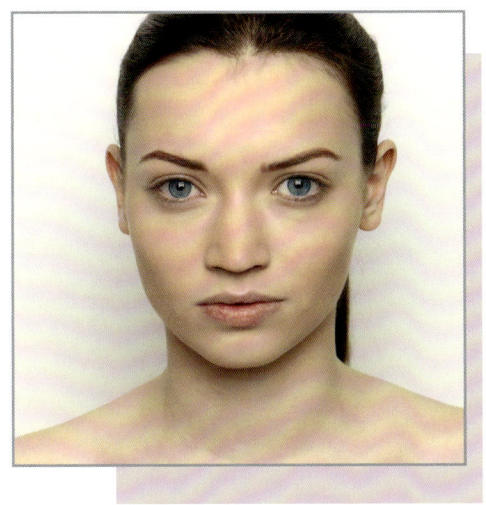

4

5

Wangen

Einen warmen goldenen Bronzeton mit einem großen Rougepinsel aufnehmen, Pinsel abklopfen, Rouge punktuell unter den Wangenknochen aufgetragen und von dort bis zum Kinn hinunter und zu den Ohren hinauf verteilen.

Rouge immer unter die Wangenknochen setzen und gründlich mit der Grundierung oder dem Puder verschmelzen lassen. Auf keinen Fall dabei grinsen und Kreise oder Balken auf den Wangenknochen setzen. Das sieht meist furchtbar altbacken und unnatürlich aus. Lieber mit dem Rouge modellieren und dafür die Farbpartikel in warmen Erdtönen – zum Kinn hinunter und zu den Ohren oder den Schläfen hinauf – sanft und konturlos verwischen. Mit Rouge darf man ruhig auch bis zur Stirn hochgehen und das Gesicht auf diese Weise zart modellieren, damit es frisch, lebendig, sexy, ja, mit einem Wort einfach großartig aussieht.

Augen

Brauen mit einem Augenbrauenstift nachziehen, dabei ganz kleine Striche in der natürlichen Augenbrauenfarbe oder einem sanften Braun setzen und anschließend ohne Farbe noch einmal mit dem Augenbrauenkämmchen ausstreichen.

Die Wimpern mit schwarzem Mascara sowohl oben als auch unten tuschen. Dafür von außen nach innen arbeiten und jedes einzelne Haar gründlich vom Wimpernansatz bis zur Spitze in kleinen Zickzackbewegungen tuschen. Ist zu viel Farbe auf den Wimpern oder bilden sich kleine Klümpchen, die Wimpern vorsichtig mit einem Wimpernkamm oder Bürstchen kämmen.

Boris' Tipp
Für den perfekten Wimpernschwung einen Teelöffel auf das obere Lid legen, das Lid vorsichtig nach oben ziehen und die Wimpern über den Löffelrücken hinweg kräftig tuschen. Kleine Farbpartikel mit einem Wattestäbchen entfernen.

Für einen extravaganten Look mit glänzenden Farben benutzt ihr einfach Lidschatten mit Metalleffekt.

Metallic-Look

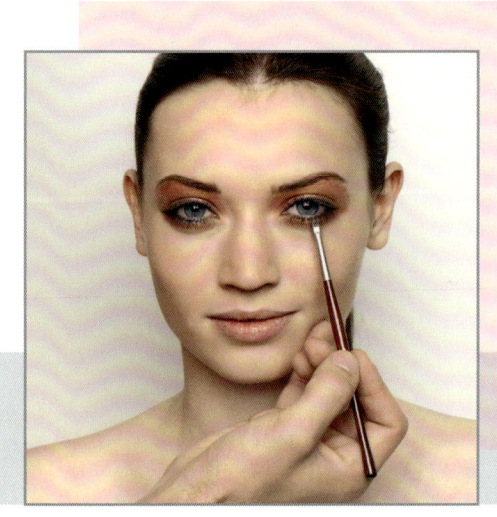

7

6

Augen

Mit dem breiten Lidschattenpinsel das Oberlid mit einem metallischen Kupferton bis hin zur Augenbraue auffüllen – dabei am besten ein Kosmetiktuch unter das Auge halten, damit eventuelle Farbpartikelchen aufgefangen werden. Denselben Farbton nun auch unter das untere Augenlid auftragen und das Auge umranden. Um dem Ganzen mehr Ausdruck und Tiefe zu verleihen, mit einem schmalen Lidschattenpinsel auf das obere Lid, direkt an den Wimpernkranz, einen dünnen Streifen in einem dunkleren

Grauton auftragen. Wem der Kontrast zwischen Grau- und Metallicton nicht intensiv genug ist, kann noch einmal eine weitere Schicht des metallisch-glänzenden Lidschattens auf das Oberlid geben.

Ihr vollendet diesen futuristischen Style, indem ihr mit dem schmalen Lidschattenpinsel unter dem Wimpernkranz des Unterlids einen dunkleren, braungrauen Farbton auftragt. Malt mit dem Pinsel ein paar Mal sanft hin und her, um die Übergänge zu verwischen.

Boris' Tipp
Noch nicht dramatisch genug? Dann könnt ihr künstliche Wimpern auf Ober- oder Unterlid aufkleben. So bekommen eure Augen einen Strahlenkranz, der jeden in seinen Bann ziehen wird.

8

Lippen

Zu diesem Metallic-Look passt am besten ein farbiges Lipgloss in einem kühlen Lilaton, das die Wärme aus den Lippen zieht. Dafür mauvefarbenes Lipgloss mit dem Pinsel aufnehmen und von der Mitte der Lippen nach außen hin verteilen. Dann noch mal einen Tropfen Gloss in die Mitte setzen und leicht einklopfen.

Noch

mehr Schönheit

Dein Beautytraining

Nicht jeder, der superdünn ist, hat zugleich einen schönen und wohlgeformten Körper. Im Gegenteil, auch schlanke, untrainierte Menschen können trotz ihres geringen Körperfettanteils einen wenig proportionierten Körper haben, wenn sie sich zu wenig bewegen.

Um das Gewicht zu reduzieren, gibt es leider nur eine Zauberformel: Ihr müsst die Kalorienzufuhr verringern und die Bewegung steigern. Sport und Körpergewicht gehören zusammen. Niemand bekommt eine sportliche Figur, ohne sein Gewicht zu optimieren, und die wenigsten erreichen ihr Idealgewicht ohne ausreichend körperliche Bewegung. Doch Bewegung bewirkt so viel mehr, als nur den Körper zu straffen. Beim Sport werden unzählige Stoffwechselmechanismen aktiviert, die uns vital und gesund erhalten und uns jede Menge Energie geben. Das Immunsystem, unsere schlagkräftige, körpereigene Abwehr, wird mit jedem Schritt gegen »feindliche Eindringlinge« gestärkt. Außerdem kann Sport den natürlichen Alterungsprozess hinauszögern.

Hat es sich aber euer innerer Schweinehund bereits so richtig gemütlich gemacht und liegt mit einer Tüte Chips vor dem Fernseher, dann heizt ihm jetzt so richtig ein. Am einfachsten gelingt das, indem ihr euch »Verbündete« sucht. Gemeinsam mit einem Freund oder einer Freundin macht Sport viel mehr Spaß, man kann sich gegenseitig besser motivieren und bleibt länger am Ball. Fadenscheinige Ausreden, es sei zu spät, zu früh, zu kalt oder zu warm, entlarvt euer Sportpartner sicher sofort. Ein weiterer wichtiger Punkt, um nicht bald wieder aufzugeben, ist die richtige Sportart. Sucht euch etwas aus, das euch Spaß macht. Das muss gar nicht schweißtreibendes Gewichtstemmen oder langweilige Gymnastik sein, auch beim Inlineskaten, Walken, Joggen oder Schwimmen könnt ihr jede Menge Kalorien verbrennen.

Überlegt euch, was ihr erreichen wollt, wie viel Zeit ihr dafür investieren könnt und setzt euch realisierbare Ziele.

Traumbody durch effektives Workout

Wenn ihr in Form kommen und bestimmte Problemzonen straffen wollt, heißt die Devise: Muskelmasse aufbauen. Am besten erreicht ihr das mit einem individuell abgestimmten Trainingsplan, der aus Kraft- und Ausdauersport besteht. Der Trainer im Fitnessstudio, ehrenamtliche Trainer im Sportverein oder auch Sportlehrer und -studenten helfen euch dabei, ein Trainingsprogramm zu erstellen. Wer etwas tiefer in die Tasche greifen will, kann sich auch einen Personal Trainer leisten, der ganz individuell auf eure Bedürfnisse eingeht.

Indoor-Training

Vor dem Krafttraining müsst ihr euch zuerst einmal gründlich aufwärmen. Ein fünf- bis zehnminütiges Warm-up auf Laufband, Crosstrainer oder Fahrrad bringt euren Kreislauf in Schwung, gewöhnt eure Muskeln an das bevorstehende Workout und beugt Verletzungen vor. Dann beginnt das eigentliche Training.

Für einen optimalen Muskelaufbau wiederholt ihr jede Übung aus eurem Plan acht bis zwölf Mal mit maximalem Gewicht. Achtet darauf, dass ihr jede Übung konzentriert und exakt ausführt. Lieber wiederholt ihr sie weniger oft, dafür aber richtig. Das Krafttraining sollte rund 30 bis 45 Minuten dauern.

Beim anschließenden Cool-down könnt ihr etwa fünf Minuten locker auf dem Laufband walken oder mit geringem Widerstand Fahrrad fahren, um so euren Puls langsam wieder zu normalisieren. Mit einem 10- bis 15-minütigen Stretching habt ihr es fast geschafft. Damit dehnt ihr zuletzt noch eure Muskeln und Bänder, fördert die Gelenkigkeit und bereitet euren Körper auf die anstehende Regeneration vor.

Wer nicht so gerne an Geräten trainiert, sondern lieber in der Gruppe und mit guter Musik, hat im Fitnessstudio auch die Möglichkeit, eine der vielen Aerobicstunden zu besuchen. »Bauch, Beine, Po«, »Bodystyling« oder »Hot Iron« dauern meistens zwischen 30 und 60 Minuten und bestehen ebenso aus Warm-up, einem gezielten Muskelaufbautraining, Cool-down sowie Stretchingübungen.

Boris' Tipp
Bevor ihr mit dem Training loslegt, solltet ihr euch unbedingt das richtige Schuhwerk besorgen. Gute Sportschuhe geben euren Füßen Stabilität und eine optimale Dämpfung und können Fehlbelastungen verhindern.

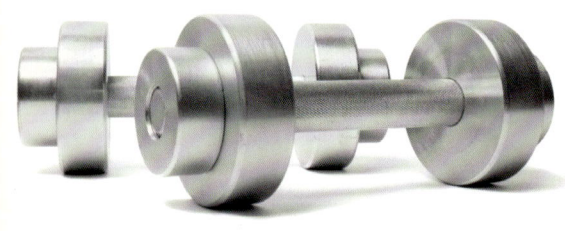

Muskelaufbau- und Cardio-training kombinieren

Natürlich könnt ihr im Fitnessstudio nicht nur euren Körper straffen, sondern auch eure Ausdauer verbessern. Je nach Lust und Laune könnt ihr vor oder nach dem Muskelaufbau eure Kondition auf dem Laufband, Fahrrad, Crosstrainer oder Stepper trainieren. Einsteiger beginnen mit einem zehnminütigen Ausdauertraining und steigern sich langsam, aber kontinuierlich. Beendet ihr eure Trainingseinheit mit dem Cardioteil, folgen nun das fünf- bis zehnminütige Cool-down und natürlich ausgiebiges Stretchen.

Wer Spaß am Tanzen hat und Choreografien liebt, ist in den Gruppenkursen prima aufgehoben. Auch im Ausdauerbereich gibt es unterschiedlichste Angebote mit einer Kursdauer von 30 bis 60 Minuten sowie mit verschiedenen Schwierigkeitsgraden.

Um ein optimales Ergebnis zu erzielen, empfehlen Sportwissenschaftler, mindestens zwei bis drei Mal pro Woche zu trainieren.

Schwitzen tut gut

Schwitzen entgiftet euren Körper effektiv. Wer mag, genießt nach dem Training zwei bis drei Saunagänge. Der Temperaturwechsel zwischen Hitze und anschließender Abkühlung aktiviert Kreislauf und Stoffwechsel, reinigt die Haut und macht sie elastisch und weich.

Outdoor-Training

Für alle, die lieber unabhängig von Öffnungszeiten und am liebsten in der Natur Sport treiben möchten, bieten sich sämtliche Ausdauersportarten an, die man »gleich vor der Haustür« machen kann.

Wie bei Beginn jeder Trainingseinheit solltet ihr euch auch vor diesem Herz-Kreislauf-Training fünf bis zehn Minuten aufwärmen. Leichte Übungen, wie mit den Schultern zu kreisen, die Arme zu schwingen, auf der Stelle zu hüpfen, mit den Füßen hin und her zu wippen, oder auch zehn Minuten walken bereiten euren Körper bestens vor.

Anfänger beginnen mit Zehn-Minuten-Einheiten und steigern Trainingsintensität und -dauer nach und nach. Um nicht aus der Puste zu kommen, könnt ihr eure Atmung an euren Schrittrhythmus anpassen: Achtet einfach darauf, dass ihr immer gleichmäßig und kräftig ein- und ausatmet. Während des Trainings solltet ihr regelmäßig euren Puls kontrollieren. Seid ihr zu zweit, geht das am einfachsten mit dem »Talk-Test«: Könnt ihr euch während des Trainings noch unterhalten, ohne nach Luft zu schnappen, ist die Belastung genau richtig und ihr trainiert im sogenannten aeroben Bereich, das heißt, ihr verbrennt am meisten Fett. Wer es ganz genau wissen möchte, hat mit einer Pulsuhr seine optimale Herzfrequenz immer im Blick.

Das Training beendet ihr mit einem fünf- bis zehn-
minütigen Cool-down und mit Stretchingübungen.
Wer dann noch Muse hat, kann nach dem Aus-
dauertraining zu Hause ein individuell von einem
Trainer oder Sportlehrer zusammengestelltes
Workout absolvieren, um Bauch, Beine, Arme &
Co. zu festigen. Ein bisschen Abwechslung in das
Hometraining bringen dabei verschiedene »Fit-
macher«, die den Muskeln so richtig einheizen, wie
zum Beispiel kleine Hanteln, Gewichtsmanschet-
ten, sogenannte Rubber- oder Physiobänder, also
Trainingsbänder aus Latex, die es in verschiedenen
Stärken gibt, oder auch Tubes, Ringe und Body-
Toner, die jeweils Griffe an den Enden haben.

Top in Form kommt ihr, wenn ihr euch mindestens
zwei bis drei Mal pro Woche ins Training stürzt.

Völlig schwerelos

Das gesündeste Herz-Kreislauf-Training, gerade für Sportan-
fänger, ist Schwimmen. Zum einen trägt das Wasser je nach
Wassertiefe rund 90 Prozent des Körpergewichts, sodass
Bänder, Sehnen und Gelenke entlastet werden, zum anderen
fördert der Wasserdruck die Durchblutung, der Stoffwechsel
kommt auf Trab und verbrennt mehr Kalorien. Die Herzfrequenz wird reduziert und der Körper kann sich nach dem
Sport schneller erholen.

Boris' Tipp
Ein heißes Bad nach dem Sport fördert die
Durchblutung, beschleunigt den Regenerations-
prozess und kann so einem Muskelkater entge-
genwirken.

Fit mit gesunder Ernährung

Viele verbinden mit einer Diät Verzicht, Hunger und Frust. »Crashdiäten«, die den schnellen Erfolg versprechen, haben vor allem den Nachteil, dass sie nicht langfristig die Essgewohnheiten, sondern nur kurzfristig das Gewicht verändern. Fällt man nach der Diät in seine alten Gewohnheiten zurück, nimmt man die verlorenen Kilos schnell wieder zu. Der sogenannte Jo-Jo-Effekt tritt ein, bei dem der Körper die verlorenen Pfunde und oft sogar noch ein paar mehr für schlechte Zeiten speichert.

Die Grundlage einer gesunden Ernährung kann daher nie Diät, sondern immer nur gesunde Ernährung heißen. Mit einer ausgewogenen Ernährung gehören Gewichtsprobleme langfristig der Vergangenheit an, eure Haut wird reiner und schöner, ihr bekommt neue Energie, seid vital und legt alle Lethargie und Lustlosigkeit ab. Oft kommt dann die Lust auf mehr Bewegung ganz von allein. Dieser positive Kreislauf aus Motivation, Mobilität und Energie reißt euch mit.

Boris' Tipp
Ich empfehle euch, vernünftig und maßvoll zu essen. Gemüse, Obst und Vollkornprodukte sollten den größten Anteil eurer Ernährung ausmachen und nicht nur dekorative Beilage sein. Dazu gibt es kleine Portionen mageres Fleisch und fettarmen Fisch. Meiner Meinung nach macht es Sinn, auf Geschmacksverstärker, Fertigprodukte, Zucker und Weißmehlprodukte zu verzichten.

Obst und Gemüse

Knackige Salate, Tomaten und Radieschen, saftige Äpfel, Nektarinen und süße Erdbeeren – all diese gesunden, kalorienarmen Leckereien sollten die absolute Priorität auf eurem Speiseplan einnehmen, denn sie stecken randvoll mit Vitaminen, Mineralien und sekundären Pflanzenstoffen. Mit jedem Bissen nehmt ihr pure Gesundheit zu euch und zwar Gesundheit, die man sehen kann. Denn die natürlichen Inhaltsstoffe lassen eure Haut erstrahlen und schützen sie vor frühzeitiger Hautalterung, sie straffen das Bindegewebe, erhöhen die Elastizität der kollagenen Fasern und dürfen zu Recht als Beautyfood bezeichnet werden.

Ein Bummel über den Wochenmarkt mit all seinen Düften stimuliert eure Sinne und macht Lust auf gesundes Kochen. Lasst euch beim Kauf von Früchten und Gemüse doch einfach mal von der Farbenpracht verführen, denn je farbintensiver die Produkte sind, desto mehr sekundäre Pflanzenstoffe stecken drin.

Boris' Tipp
Kochen soll vor allem Spaß machen. Wenn ihr nur noch mit frischen Lebensmitteln kocht, werden eure Geschmacksnerven immer sensibler für den feinen, intensiven Eigengeschmack der einzelnen Zutaten. Nehmt euren Körper ernst und verwöhnt ihn mit wertvollen Nahrungsmitteln statt mit Fertigprodukten und künstlichen Ersatzstoffen.

Zehn Regeln für Körper und Geist

1 Kaiser, König, Bettelmann – nach diesem »Motto« sollt ihr leben! Morgens esst ihr euch richtig satt, mittags ist schon etwas weniger auf dem Teller und abends gibt es möglichst etwas Leichtes wie klare Suppen oder gedünstetes Gemüse.

2 Kalorienreiche Snacks und Zwischenmahlzeiten vermeiden! Kekse, Müsli- und Schokoriegel treiben den Insulinspiegel nur unnötig in die Höhe und steigern den Appetit. Bedenkenlose »Pausenfüller« sind Obst, ein paar Nüsse und eine Handvoll Trockenfrüchte.

3 Nicht hungern! Mit den richtigen Lebensmitteln versorgt ihr eure Haut mit lebensnotwendigen Mikronährstoffen. Zu wenig zu essen hingegen macht nicht schön, denn dem Körper fehlen oftmals wichtige Vitamine und Mineralstoffe.

4 Hände weg von einseitigen Ernährungsempfehlungen! Sie verstärken die Gewichtsprobleme und können gravierende Essstörungen zur Folge haben.

5 Ausreichend trinken! Der Körper braucht mindestens eineinhalb bis zwei Liter Flüssigkeit täglich, um alle Stoffwechselvorgänge zu koordinieren, um energiegeladen zu sein und um frisch auszusehen. Das beste Getränk ist Wasser. Selbst Fruchtsäfte enthalten viele Kalorien. Daher solltet ihr ein Drittel Saft mit zwei Dritteln Wasser mischen.

6 Ernährung und Bewegung müssen sich die Waage halten! Ausdauersport steigert den Grundumsatz und optimiert die Kalorienaufnahme. Wer sich aktiv sportlich betätigt, darf auch – in Maßen – mehr Kalorien aufnehmen.

7 Zucker und Weißmehlprodukte weglassen! Diese »schlechten Kohlenhydrate« treiben den Blutzuckerspiegel in die Höhe und kurbeln die Insulinausschüttung an. Insulin baut den Blutzuckerspiegel ab und die Folge sind unerwünschte Heißhungerattacken. Außerdem »verkleben« die raffinierten Zuckerkristalle die

sensiblen Fasern des Bindegewebes und fördern Orangenhaut. Wenn die Lust auf Süßes kommt, greift besser zu gesunden Snacks wie einer Handvoll Mandeln, ein paar Möhren oder einem Apfel.

8 Zu mächtiges und zu fettreiches Essen meiden! Die Aufnahme von Lebensmitteln dient vor allem der Versorgung mit essenziellen Nährstoffen. Gesunde Ernährung gibt Kraft und Energie, zu schwere und zu üppige Mahlzeiten belasten den Organismus. Hört auf euren Bauch: Das natürliche Sättigungsgefühl setzt erst nach etwa 20 Minuten ein.

9 Ballaststoffreiche Lebensmittel bevorzugen! Ein hoher Anteil an Ballaststoffen sorgt für eine gute Verdauung, verhindert Blähungen und Völlegefühl, stärkt das Immunsystem des Darms und reduziert das Darmkrebsrisiko. Wer genug Obst, Gemüse und Vollkornprodukte isst, gewährt eine optimale Versorgung mit den gesunden Ballaststoffen. Ihr solltet dabei aber den Biorhythmus des Körpers nicht außer Acht lassen. Unser Organismus kann Obst am besten morgens verdauen, schwer verdauliche Rohkost wie Salate nur bis etwa 15 Uhr. Rohkost, die ihr zu einem späteren Zeitpunkt zu euch nehmt, kann vom Darm nicht mehr ausreichend gut verarbeitet werden und bleibt lange im Verdauungstrakt liegen. Verdauungsprobleme sind die Folge. Ab etwa 18 Uhr beginnt der Organismus, sich zu regenerieren, und sollte bei seiner Arbeit möglichst wenig gestört werden. Kohlenhydrate werden von nun an nicht mehr richtig verdaut und landen – leider – als unbeliebte Fettpolster direkt auf Bauch, Hüfte und Po.

Boris' Tipp
Die Kombination aus Zucker und Vollkornprodukten kann zu unangenehmem Bauchgrummeln führen. Gebt daher anstelle von Honig besser Quark oder fettarmen Käse auf euer Vollkornbrot.

10 Geduld haben! Bei einer gesundheitsbewussten Ernährung und ausreichend Bewegung pendelt sich der Körper meist auf sein persönliches Optimalgewicht ein. Das kann einige Zeit dauern. Lasst eurem Körper diese Zeit und versucht, das Abnehmen nicht durch Crashdiäten zu beschleunigen. Mit einer vernünftigen, nähr- und vitalstoffreichen Ernährung, Sport und Geduld werdet ihr nicht nur mit einem schlanken und schönen, sondern auch einem kerngesunden und energiegeladenen Körper belohnt.

Für eine starke Psyche

Ist euch schon mal aufgefallen, dass manche Menschen eine unglaubliche Ausstrahlung und ein umwerfendes Auftreten haben? Das liegt oft gar nicht an Äußerlichkeiten wie einem schönen Gesicht, einer schlanken Figur oder sexy Kleidung, sondern einzig und allein an der perfekten Mischung aus Körperhaltung, Stil und Selbstbewusstsein. Starke, selbstsichere Menschen ziehen uns in ihren Bann. Ihr Geheimnis liegt darin, dass sie in sich ruhen, ihre eigenen Schwächen akzeptieren und sich zugleich ihrer Stärken bewusst sind. Einen ausgeglichenen Menschen kann nichts so leicht erschüttern. Außenstehende spüren dieses Selbstvertrauen und empfinden die Person als angenehm.

Löst euch von der irrealen Wunschvorstellung einer makellosen Schönheit, denn die existiert häufig nur auf einem perfekt digital retuschierten Bild. Hebt eure Stärken hervor und steht zu euren Schwächen! Es gibt keinen zu hundert Prozent vollkommenen Menschen. Holt das Beste aus euch heraus und präsentiert euch voller Stolz und Selbstvertrauen!

Selbstbewusstsein erlernen

Wenn ihr euch und euren Körper akzeptiert und mögt, dann strahlt ihr das auch nach außen aus. Dieser erste Eindruck entscheidet meist schon über Sympathie und Antipathie, darüber, ob wir anderen Menschen positiv oder negativ in Erinnerung bleiben. Überlegt euch, wie ihr auf euer Gegenüber wirken wollt, was eure Stärken sind und wie ihr sie hervorheben könnt. Wer sich schlecht fühlt, unzufrieden mit sich und seinem Leben ist, gibt dieses Gefühl häufig auch an seine Umwelt weiter. Versucht daher, immer das Besondere in euch zu sehen, eure schönen Augen, die glänzenden Haare, das hübsche Lächeln oder eure Schlagfertigkeit. Glaubt an euch und die Kraft der positiven Gedanken. Wer an seinem Glück festhält, bekommt oft das, was er sich wünscht. Setzt euch realistische Ziele und arbeitet konsequent darauf hin. Seht schwierige Aufgaben und Herausforderungen als Chance, nicht als Hindernis. Mit jedem Schritt werdet ihr innerlich wachsen.

Harmonie für die Seele

In unserer hektischen Zeit kann man schnell »unter die Räder kommen«, wenn man nicht auf sich und seine Seele achtet. Gönnt euch daher immer genug Auszeiten.

Natürlich ist es vollkommen in Ordnung, sich zu verausgaben und hundert Prozent in seinem Job zu geben, denn nur, wer in dem, was er tut, gänzlich aufgeht, wird glücklich. Doch nach der Anspannung braucht unsere Psyche auch Erholung. Genießen kann man beides, zuerst die Hektik in der Arbeit, den Stress, die Herausforderung und dann die erholsame Ruhe und Entspannung.

Entspannungstechniken wie Yoga, Tai-Chi und Qigong, die ihr in Yoga-Zentren und Fitnessstudios erlernen könnt, helfen euch, runterzukommen, wieder richtig durchzuatmen und einen gleichmäßigen Rhythmus im Leben zu finden. Yoga beispielsweise harmonisiert Körper und Geist, trainiert die Muskeln und verbessert die Haltung, es versetzt Seele und Geist in einen Zustand tiefer Entspannung. Die körperlichen Übungen ähneln unseren klassischen Dehn- und Stretchübungen und helfen dem Körper dabei, Verspannungen abzubauen. Regelmäßig angewendet, führt Yoga zu mehr Ruhe und innerer Gelassenheit.

Schlaft euch schön

Während wir schlafen und von süßen Dingen träumen, arbeitet unser Körper auf Hochtouren an der Entgiftung und Regeneration. Daher ist der Schlaf für unsere Schönheit so wichtig. Wird er gestört, reagiert der Körper mit müden, geröteten Augen, blasser Haut und Antriebslosigkeit.

Doch Schlaf ist nicht gleich Schlaf. Während der Nacht wechseln sich verschiedene Phasen mehrmals untereinander ab. Die sogenannten REM-Phasen, die Rapid Eye Movements, werden von schnellen Augenbewegungen begleitet. In diesen Phasen träumen wir häufig und verarbeiten Erlebtes. Die Non-REM-Phasen sind Tiefschlafphasen, in denen die Produktion des »Schlafhormons« Melatonin auf Hochtouren läuft. Wer ausreichend Melatonin produziert, fühlt sich nach dem Schlaf erholter und seelisch ausgeglichen.

Des Weiteren wird die Leber entgiftet, schädliche Stoffwechselprodukte werden abgebaut und abgeschoben, Zellen erneuert und repariert. Die Zellregeneration, besonders die der Haut, funktioniert optimal, wenn die Haut gut durchblutet und mit Nährstoffen versorgt ist. Habt ihr abends zu kohlenhydratreich und fetthaltig gegessen, ist euer Körper nachts noch mit der Verdauung beschäftigt und kann weniger Energie in eure Schönheit stecken. Aber auch Stress, Kaffee und Nikotin können den Schlafrhythmus stören.

Wer trotz gesunder Lebensweise nicht zur Ruhe kommt, sollte vor dem Schlafengehen noch einen langen Abendspaziergang machen. Der Sauerstoffkick lässt euch entspannt einschlafen.

Boris' Tipp
Entscheidend für die körpereigene Melatoninproduktion ist der Lichteinfall im Auge. Ist es zu hell, wird Melatonin nicht gebildet und die Regeneration des Körpers wird abgebremst. Versucht, euer Schlafzimmer immer so gut wie möglich zu verdunkeln. Ansonsten leistet auch eine Schlafmaske gute Dienste.

Stichwortregister

Danksagung des Autors

Ein besonderer Dank geht an mein Management, die Playce AG, die mir bei diesem Projekt den Rücken freigehalten hat, und an Frau Maren Franz, die mich bei der Erarbeitung des Buchs redaktionell unterstützt hat. Ein herzliches Dankeschön geht auch an meine Freundin und Kollegin Sina Velke von Louisa Make-up Studio für die großartige Unterstützung beim Fotoshooting und das Styling der Models, ebenso an den Fotografen Dirk Schmidt für die Geduld beim Shooting. Ich danke auch meinem Partner Maybelline Jade für die Bereitstellung von Produkten und Bildmaterial sowie die partnerschaftliche Zusammenarbeit.

Danksagung des Verlags

Verlag und Autor danken den Firmen Mango und Ebel für die Ausstattung der Models.

Kontaktadressen

Playce AG
Management Boris Entrup
Osterwaldstraße 10
80805 München
www.playce.de

Louisa Models
Louisa Make-up Studio
Fotomodellagentur GmbH
Feldbrunnenstraße 24
20148 Hamburg
www.louisa-models.de

dirk schmidt photography
Lange Reihe 27
20099 Hamburg
www.dsphotos.de

art department
Modelwerk
Modelagentur GmbH
Rothenbaumchaussee 1
20148 Hamburg
www.modelwerk.de

Bildnachweis

Alle Fotos von Dirk Schmidt außer:
Grunow, Siggi: 19, 21, 22, 23, 31 u., 33, 35, 40, 45, 46, 52, 53, 69, 73, 75, 76, 77, 85, 87
iStockphoto: 11 o., 24, 25, 32, 36, 37, 41, 42, 43, 44, 47, 51, 56, 58, 59, 60, 62, 63, 66, 67, 71, 74, 80, 81, 118, 119, 120, 121 o., 121 u., 122 o., 122 u., 123, 124, 126, 127, 130, 131
Illustrationen: Siggi Grunow